LA PSICOLOGIA
MODERNA

# LA SOFROLOGIA

LA PSICOLOGIA
MODERNA

# LA SOFROLOGIA

## ¿UNA REVOLUCION EN PSICOLOGIA, PEDAGOGIA Y MEDICINA?

por Henri Boon
Yves Davrou
Jean-Claude Macquet

Versión española por Juan José Ferrero
de la obra francesa titulada
LA SOPHROLOGIE

4.ª Edición



ISBN : 84-271-1144-4
Depósito Legal : BI-1904-91
Printed in Spain
Impreso por: GRAFO, S.A. - Bilbao

## SUMARIO

## LAS VEINTE PALABRAS CLAVE DE LA SOFROLOGIA

**Activación intrasofrónica**
Procedimiento empleado durante la sofronización para estimular de manera positiva las estructuras de la consciencia.

**Alianza sofrónica**
Relación existente entre el sujeto y el sofrólogo durante el aprendizaje de los métodos sofrónicos.

**Anamnesia sofrológica**
Interrogación que el sofrólogo dirige evitando despertar reacciones negativas.

**Consciencia sofrónica**
Estado de consciencia especial vivido durante el proceso sofrónico y modificación progresiva obtenida gracias al entrenamiento sofrológico.

**Desofronización**
Fin del proceso de sofronización durante el cual la persona recupera el nivel ordinario de vigilia.

**Diálogo postsofrónico**
Conversación que deberá tener lugar siempre después de la sofronización.

**Entrenamiento sofrónico**
Período de suma importancia durante el cual el sujeto practica los métodos sofrónicos.

**Fenómeno sofrónico**
Cualquier manifestación vivida u observada durante la sofronización.

**Hipermnesia sofrónica**
Cualidad de la memoria que se encuentra aumentada en ciertos casos de sofronización.

**Nivel sofroliminal**
Nivel de consciencia que separa el nivel de vigilia del nivel de sueño. Esta fase, muy sensible, se utiliza de manera positiva durante la sofronización para reforzar las estructuras de la consciencia.

**Principio de acción positiva**
Toda acción positiva dirigida hacia la consciencia repercute positivamente sobre todos los elementos de la psique.

**Principio de la realidad objetiva**

El sofrólogo debe darse cuenta de su propio estado de consciencia, del estado de consciencia de la (o de las) persona(s) que entrena y del papel que, a través de su propia realidad, desempeña ante el enfermo.

**Principio del esquema corporal como realidad vivida**

Los métodos sofrónicos se basan, en gran parte, en el hecho de que la incorporación progresiva del esquema corporal a la consciencia, incluidas las sensaciones, percepciones, etc., refuerza sus estructuras fundamentales y aumenta su campo.

**Relajación dinámica**

Método de sofronización individual o de grupo que utiliza como medio de activación sofrónica algunos procedimientos inspirados en ciertas técnicas orientales.

**Sofrología**

Nueva ciencia o escuela científica fundada en Madrid el año 1960 por el profesor Alfonso Caycedo. Estudia la consciencia humana en sus estructuras y en sus posibilidades de modificación.

**Sofrólogo**

Término que designa la cualidad de un médico o de un profesional paramédico que ha recibido su formación en sofrología de profesores autorizados y que ha conseguido el correspondiente diploma.

**Sofromnesia**

Palabra que designa los fenómenos especiales de la memoria que se producen durante la sofronización.

**Sofronización**

Proceso que lleva a la modificación de los niveles de consciencia hacia el nivel sofroliminal.

**Sofropedagogía**

Es la utilización de los distintos métodos sofrónicos para facilitar el aprendizaje en los diferentes campos (parto, deporte, lenguas extranjeras...).

**Terpnos logos**

Palabra que designa la manera que tiene el sofrólogo de hablar cuando dirige una sofronización, manera basada en la persuasión y el tono armónico.

# Introducción

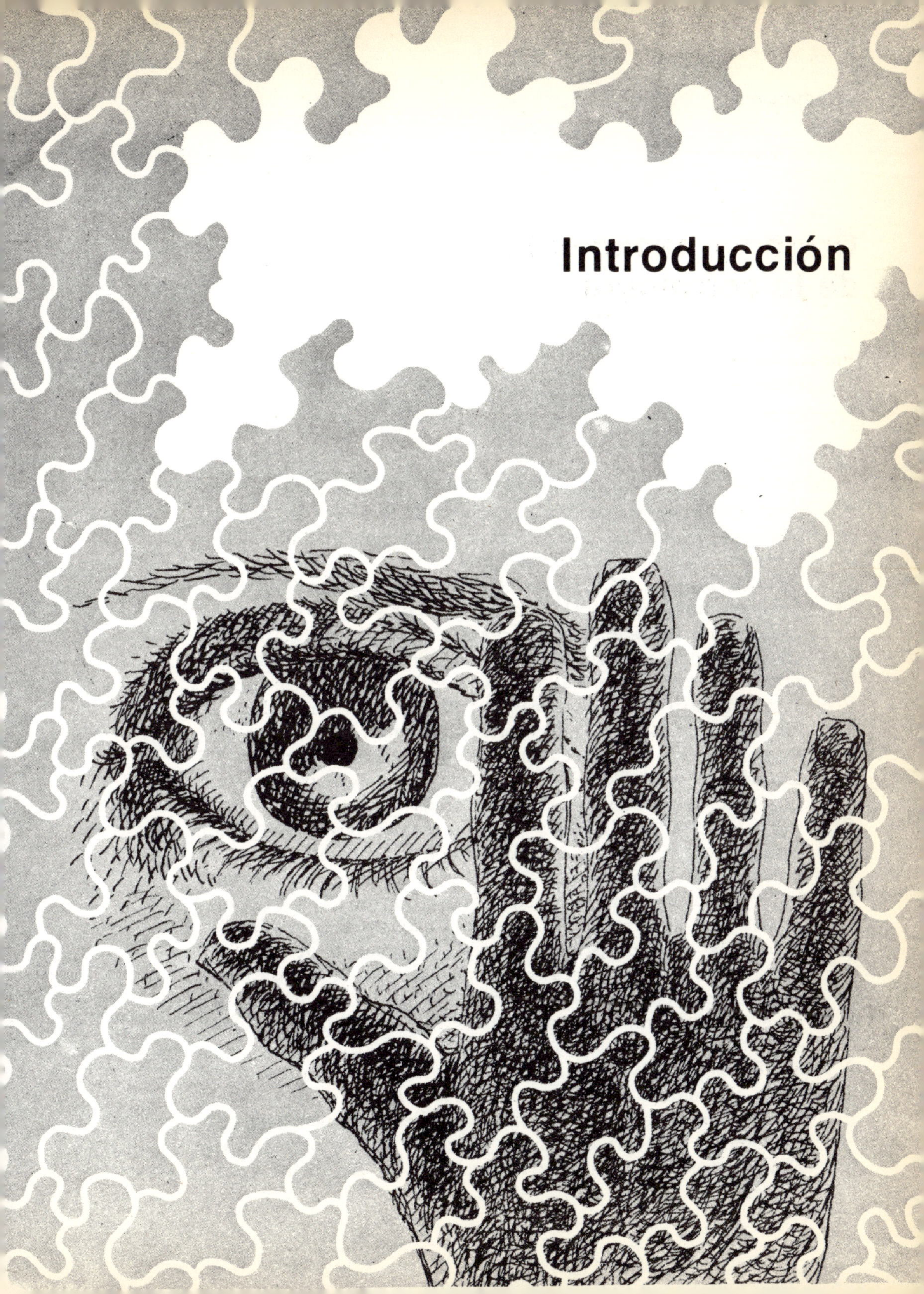

# Origen y nacimiento de la sofrología

Con la sofrología, por una vez, no es de América de donde nos viene la luz. En efecto, esta joven ciencia médica nació en Europa, en España exactamente.

Nos hallamos en Madrid en el año 1958: Alfonso Caycedo, joven colombiano de origen español, acaba de terminar sus estudios de medicina. Doctor ya en medicina e interno en cirugía, se especializa en neuropsiquiatría. En el hospital provincial se incorpora al servicio del doctor López Ibor, insigne maestro español de psiquiatría y profesor en la facultad de medicina de Madrid. Allí comienza a practicar la hipnosis y crea el primer departamento de hipnosis clínica y técnicas de relajación. Pero no tarda en verse enfrentado a la situación paradójica de las técnicas hipnóticas: de una parte, resultados clínicos y experimentales positivos, y de otra conceptos y teorías totalmente contradictorios. «Quizás, dirá más tarde Caycedo, no exista en la historia de la psicología ningún tipo de fenómenos que haya sufrido tal abundancia de interpretaciones. Desde el estudio serio y científico hasta las concepciones más pintorescas; desde las observaciones y trabajos realizados por premios Nobel de medicina hasta los panfletos de cine de terror y las misteriosas apreciaciones emitidas por guionistas y charlatanes profesionales•.»

Sin embargo, Caycedo se inició en la hipnosis clínica más pura, efectuando concretamente varios viajes a Nancy para entrevistarse con el doctor André Cuvelier, de quien traduce al español la tesis doctoral: «L'école hypnologique de Nancy», que da cuenta de los trabajos de Bernheim y de Liébeault.

• A. Caycedo y col.: *Progresos en sofrología* (Barcelona, Emegé, 1969).

La ambigüedad de la situación conduce poco a poco a los que practican aún la hipnosis en España a abandonarla. El propio Caycedo piensa por un momento en volver a los métodos clásicos de la psiquiatría. Entretanto, se funda la Sociedad de hipnosis clínica, que no hará sino acrecentar las dudas de sus fundadores sobre las observaciones efectivamente realizadas clínicamente y sobre los conceptos transmitidos por los especialistas. La amnesia poshipnótica y el sueño hipnótico son prácticamente imposibles de probar. En cambio, se puede demostrar que en numerosos casos la consciencia del sujeto se ha visto modificada.

## Un término nuevo para un método nuevo

Apasionado por el estudio de la consciencia humana, Caycedo no renuncia al empeño. Hay, piensa, que clarificar los conceptos y, antes que nada, actuar a nivel de la terminología. Caycedo propone que no se siga utilizando el término «hipnosis», y que se remplace por el de «sofropsique»•, empleado ya por ciertos investigadores para designar «un sistema que regula la vida afectiva eliminando las reacciones perjudiciales que dificultan la buena marcha de los procesos intelectuales», o también «una especie de supraestructura de la personalidad donde los procesos psíquicos se experimentan de forma probada»•.

Pero Caycedo no tarda en advertir las grandes dificultades del intento. El pretender modificar la terminología le expone a las reacciones de los investigadores que han publicado ya resultados de trabajos sobre la hipnosis. Además, el hecho de mantenerse dentro del sistema puede hacer atribuir a las nuevas terminologías la imagen desfavorable de la hipnosis. «Estando así las cosas, dice, me quedaba un tercer camino: romper con la tradición. Estudiar de nuevo los fenómenos a partir de cero»•. Es finalmente el camino que elige. Rompe con la tradición y crea un término nuevo: «sofrología»•. Y, bajo la benévola autoridad del profesor López Ibor, quien desde el principio facilitará y alentará sus trabajos, transforma su departamento de hipnosis clínica del hospital provincial en departamento de sofrología: « A partir de entonces la perspectiva se ensancha. Ya no se trataba de defender una posición o refutar una tesis. Aunque volver a empezar representase un trabajo inmenso, el hacerlo resul-

• El término *sofropsique* tiene su origen en la Grecia antigua, donde encontramos la *sophrosyne* o estado psicofísico especial obtenido por distintas formas de acciones verbales: oración, encantamiento e incluso terpnos logos, del que se hablará en sofrología.

• A. Caycedo y col.: *Progresos en sofrología* (Barcelona, Emégé, 1969).

• *Idem.*

• Término derivado también de la *sophrosyne* griega.

taba menos angustioso que participar en una lucha por lo demás estéril»•.

• A. Caycedo y col.: *Progresos en sofrología.*

Está, pues, todo por hacer: el objetivo de Caycedo es desde ahora crear una verdadera escuela científica de la consciencia humana, que ha de inventariar todos los procedimientos con algún influjo sobre la consciencia. Dos disciplinas rigurosas guiarán los pasos de los nuevos investigadores: la fenomenología en el estadio de la investigación, y la experimentación clínica en las verificaciones.

Estamos en 1960. La escuela sofrológica ha nacido. Se compone de representantes de las distintas especialidades médicas: psiquiatras, estomatólogos, cirujano-dentistas, pediatras, ginecólogos. Son sobre todo los estomatólogos quienes al comienzo van a adaptar y hacer descubrir los métodos sofrológicos. Es precisamente ante los odontólogos madrileños, algunos meses después de la creación de la escuela sofrológica, donde el doctor Caycedo concreta su objetivo: «La sofrología debe ser una escuela nueva que agrupe no sólo los fenómenos denominados hipnóticos, sino también las técnicas de relajación: entrenamiento autógeno de Schultz, técnicas de Jacobson, etc., así como todos los estados próximos en que, según nosotros, existe un profundo denominador común fenomenológico»•.

• Citado por el doctor Isasi en *Progresos en sofrología.*

Fenomenología es la palabra clave que se encontrará a lo largo de toda la evolución de la sofrología. Para inventariar mejor todas las aplicaciones, Caycedo marcha a Suiza como ayudante de Ludwig Binswanger, gran psiquiatra y fenomenólogo de fama.

En su clínica de Kreuzlingen trabaja en el estudio científico de la consciencia humana. Pero el destino se encargará de influir en el desarrollo de la sofrología. Ese destino se presenta bajo la forma de una joven francesa nacida en Lila, con la que Caycedo se casa en Ginebra. Colette Caycedo es apasionada del Oriente y practica el yoga. Al principio, Caycedo se divierte viendo a su esposa realizar «aquellas especies de piruetas»; pero descubre en su biblioteca libros que hablan de la consciencia en otra forma y que expresan opiniones orientales perfectamente conciliables con los últimos datos de la neurofisiología. Inquieto, Caycedo decide —no sin aprensión— exponer su pensamiento a Binswanger.

Teme las burlas de su maestro. Pero este último le estimula a estudiar en Oriente los fenómenos a que aluden los libros.

**Un método relacionado con el yoga, el budismo y el zen**

Caycedo, que se encaminó al Oriente por seis meses, permanecerá ausente dos años, visitando sucesivamente la India, el Tíbet y el Japón. En cada uno de estos países establece contacto con los médicos, que le pondrán en relación con los místicos más relevantes. Visita también a los ashrams más importantes, desde los de los raja yogui del Himalaya hasta los de los grandes yoguis del Sur de la India •. Luego vive entre los lamas tibetanos en Dharamsala, donde habita el dalai lama, y descubre métodos distintos del yoga, que descubre entonces anquilosado en sus tradiciones. Finalmente se dirige al Japón donde, también en contacto con los médicos, visita los monasterios zen y se inicia en la meditación. Allí es donde descubre la corporalidad y donde valora la fuerza de las técnicas orientales. Decide entonces crear un método occidental de sofronización, la relajación dinámica, que consta de tres grados sucesivos, inspirados en métodos por él descubiertos en Oriente: método inspirado en el yoga para el primer grado, en el budismo para el segundo y en el zen para el tercero. Se trata, como le gusta repetir a Caycedo, de utilizar métodos adaptados de estas tres ramas orientales, pero no de trasponer la meditación budista, por ejemplo.

• El mismo admitirá hallarse fascinado por los métodos de los yoguis y escribirá durante su estancia un libro: *La India de los Yoguis.*

De regreso a Europa, Caycedo se instala en Barcelona y empieza a experimentar con sus ayudantes catalanes los métodos que ha elaborado a lo largo de su viaje. Durante cinco años la relajación dinámica será objeto de estudios permanentes por medio del electroencefalograma: los estudios serán publicados en una tesis particularmente importante•.

• Dr. J. Rubio: *Contribución al estudio del E.E.G. en sofrología* (Barcelona, Publicaciones Universitarias, 1975).

En 1970 se celebra el primer Congreso mundial de sofrología. Mil cuatrocientos especialistas que representan a cuarenta y dos países se reúnen para un seminario en Barcelona. Se hallan presentes médicos japoneses, chinos, tibetanos y yoguis que Caycedo conoció durante su viaje. Ellos animarán el primer encuentro de medicina oriental-medicina occidental, que se celebra a continuación del congreso de sofrología.

La Sociedad central de sofrología, definitivamente instalada en Barcelona, transmite a todos los centros y escuelas sofrológicos del mundo las distintas técnicas elaboradas, para

que las experimenten a su vez y comuniquen las indicaciones o contraindicaciones constatadas.
El segundo Congreso mundial tiene lugar en octubre de 1975. Se reúnen de nuevo en Barcelona mil quinientos delegados que representan a más de cincuenta y cinco países. Se hacen puntualizaciones sobre cierto número de métodos, y se toma la resolución de poner a disposición del mayor número posible los métodos sofrológicos por medio del entrenamiento sofrológico colectivo, susceptible de practicarse por grupos muy numerosos. Sofronizándose al término de cada sesión del congreso, los mil quinientos delegados aportarán la prueba de que se trata de un método sencillo capaz de actuar por vez primera a nivel de las masas.

# I

# De la hipnosis a la sofrología

# La hipnosis

En mayo de 1972, en el primer Symposium de sofrología médica de los países de lengua francesa, celebrado en París (en el anfiteatro Charcot del hospital de la Salpêtrière), el profesor Ramón Sarró• recordaba que para dominar bien un tema, una materia y hasta una técnica, había que conocer bien su pasado, es decir, su historia. Eso mismo pensamos nosotros; por ello queremos empezar esbozando la historia de las técnicas y métodos que llevaron a la creación de la sofrología de Alfonso Caycedo.

• Antiguo titular de la cátedra de psiquiatría de la facultad de medicina de Barcelona y uno de los últimos discípulos vivos de Freud.

Reconózcase o no, la sofrología nació de y en la hipnosis, al igual por otra parte que los métodos de relajación.

La hipnosis es un hecho histórico, pero también un fenómeno clínico de estudio apasionante para cuantos se interesan por las relaciones humanas, las interacciones entre las personas y la persona misma, y en consecuencia para cuantos se interesan por la psicoterapia. La hipnosis, en efecto, se halla históricamente en el origen de un gran número de técnicas de psicoterapia, como el psicoanálisis o ciertos métodos de relajación. Quizá se halle también, como escribe el profesor Henri Baruk, «en el origen de la creación de la primera doctrina psicosomática• en medicina», gracias a la teoría de Bernheim y Babinski, que pretendía que «una idea, inconsciente o no, imaginada o no, puede dar lugar a ciertos síntomas somáticos que ella crea»•.

• *psicosomática:* del griego *psyche* = alma y *soma* = cuerpo. La medicina psicosomática estudia los trastornos físicos engendrados por desórdenes psíquicos, o viceversa, la resonancia en el psiquismo de ciertas enfermedades físicas.

• H. Baruk: *La hipnosis* (Barcelona, Oikos Tau, 1975).

Pocos temas han suscitado tantas pasiones y controversias como la hipnosis. Esto se debe no sólo a su situación, en el punto de convergencia entre lo psíquico y lo orgánico, sino también, como escribe el hipnólogo francés Léon Chertok, a diversas razones, entre las que se encuentran la inestabilidad del fenómeno hipnótico, su subjetividad, la inconstancia de sus resultados, la relación hipnotizador-hipnotizado y, sobre todo, la ausencia de criterios objetivos•.

• Ver L. Chertok: *La hipnosis* (Madrid, Atika, 1964).

## LOS PRECURSORES

Si es cierto que el fenómeno hipnótico se encuentra en las técnicas milenarias del yoga o en las técnicas de meditación orientales, la mayoría de los autores admiten generalmente que la historia oficial y científica de la hipnosis comienza en el siglo XVIII con Franz Anton Mesmer y el magnetismo animal. Mesmer, personaje muy controvertido, fisiólogo para unos y charlatán para otros, «inventó poco, pero se apropió mucho», según un historiador francés, el doctor Vinchon•.

• Sus investigaciones se vieron influenciadas por las del físico jesuita Kircher y por las sorprendentes curaciones del padre Joseph Johann Gassner.

### FRANZ ANTON MESMER (1734-1815) Y EL MAGNETISMO ANIMAL

Mesmer nace en 1734 en una aldea alemana (Iznang) situada al borde del lago Constanza. Tercero de nueve hermanos, es destinado normalmente al sacerdocio por sus padres. Por esta razón se matricula al principio en la facultad de teología de la universidad jesuítica de Ingolstadt. Luego entra en la facultad de derecho de Viena, y finalmente, en 1760, se orienta hacia los estudios de medicina, que concluye presentando el año 1766 en Viena una tesis sobre «La influencia de los planetas en las enfermedades humanas», con la que alcanza el título de doctor a la edad de treinta y tres años.

Primero practica en Viena y luego se instala en París, en 1776, tras ser expulsado de la facultad de medicina de Viena por «prácticas charlatanescas». En París correrá la misma

suerte, y morirá casi olvidado de todos en Meersburg el año 1815, a pocos kilómetros del lugar donde había nacido.
Mesmer utiliza al principio imanes para magnetizar a sus pacientes, provocando a través de ellos crisis convulsivas destinadas a aliviarlos. Pretende así ocuparse con éxito de los enfermos a quienes los otros médicos no logran curar. Sin embargo, no tarda en comprender que los imanes no son los únicos agentes implicados, y que probablemente haya también corrientes magnéticas que pasan de un cuerpo a otro, del cuerpo del médico al cuerpo del paciente, por mediación de los conductores metálicos.
El pensamiento de Mesmer puede sintetizarse diciendo que para él ciertos individuos poseen la capacidad de influir sobre otros gracias a la existencia de un fluido que denomina «fluido animal». Todo el problema consiste en captar ese fluido para utilizarlo de forma curativa. Mesmer crea así su famosa «cubeta», que es una especie de cuba llena de agua y de cascos de botellas sumergidos de donde salen varas de hierro que pueden asir con la mano los pacientes. Este procedimiento le permite atender a varias personas a la vez. Es en un salón y en un ambiente musical donde el maestro, generalmente vestido con una túnica de color lila, crea con ayuda de manipulaciones y pases crisis convulsivas en sus pacientes, crisis curativas según él. Pero, como fisiólogo y racionalista, Mesmer se negará siempre a ver en esta acción fluida otra cosa que la expresión de una corriente material; es decir, que nunca pasará al plano puramente psíquico, donde el influjo ejercido por un individuo sobre otro no es de naturaleza física sino de naturaleza puramente psicológica.

*A partir de Mesmer se desarrollarán tres grandes movimientos:*
1. *El fluidismo,* llamado al principio mesmerismo, movimiento que cree en la existencia de un fluido utilizable para influir sobre el paciente y provocar así en él un estado especial que permite una acción terapéutica. De ahí que, incluso en nuestros días, ciertos hipnotizadores o magnetizadores utilicen pases y manipulaciones como en la época de Mesmer.

2. *El movimiento neurofisiológico,* con el inglés Braid y el

francés Charcot, que rechaza la idea de fluido y que, basándose en la neurofisiología, cree en la existencia de modificaciones funcionales del cerebro provocadas por medios artificiales, especialmente por la palabra, permitiendo así una acción curativa debida a la sugestión y a las modificaciones funcionales del organismo que las sufre.

3. *El movimiento psicológico,* con Puységur y los científicos Liébeault, Bernheim y Janet, que rechaza igualmente la noción de fluido e insiste en la sugestionabilidad y en las modificaciones psicológicas que implica la sugestión. Estos dos últimos movimientos, que por otra parte no se oponen, constituyen la base de todas las investigaciones modernas sobre la hipnosis.

## EL MARQUES DE PUYSEGUR (1751-1825) Y EL SONAMBULISMO

Armand Marie Jacques de Chastenet, marqués de Puységur, es oficial de artillería, como sus hermanos militares. Vive en el castillo de Buzancy, cerca de Soissons y, como la mayor parte de los aristócratas de la época, posee un gabinete de física donde pasa el rato magnetizando. Un día magnetiza a cierto joven campesino, Victor Race, que sufre ligeros trastornos respiratorios, y tiene la sorpresa de constatar que éste se mantiene muy despierto y lúcido, respondiendo a todas sus preguntas y obedeciendo incluso las órdenes del magnetizador, sin presentar no obstante ninguna crisis convulsiva. Además, sale curado.

El marqués de Puységur acaba de comprobar que las crisis convulsivas no son indispensables. Pone de relieve la importancia del contacto verbal entre magnetizador y magnetizado, iniciando así el conflicto que opone aún en nuestros días a los defensores de las teorías fisiológicas y a los defensores de las teorías psicológicas. Mesmer conocía también este contacto verbal; pero, como fisiólogo convencido, no quiso detenerse en él, tachando de imaginaria cualquier explicación de carácter psicológico.

Si a juicio de algunos Mesmer puede ser considerado como el iniciador del magnetismo, el marqués de Puységur debe ser tenido como su fundador. Fue él quien demostró la importancia del sueño magnético, denominado aún sonambúlico, durante el cual el sujeto se mantiene en relación con el magnetizador y puede así dejarse sugestionar. Para Puységur, el verdadero agente curativo es la voluntad del magnetizador.

*El abate Faria*

Un curioso personaje, sacerdote portugués, que se dice brahmán y viene de las Indias, el abate Faria•, habla igualmente de «sueño lúcido». Magnetiza a sus pacientes mirándoles fijamente a los ojos y ordenándoles con brusquedad: «¡Duerme!» Piensa que el sueño magnético depende no del magnetizador sino del propio sujeto. Rechazando a la vez las teorías de Mesmer (existencia de un fluido) y Puységur (acción de la voluntad), abre el camino a la hipnosis.

• Recordemos que dio origen a uno de los personajes de la novela de Alejandro Dumas: *El Conde de Montecristo.*

JAMES BRAID (1795-1860)
Y LA HIPNOSIS

En noviembre de 1841 un cirujano de Manchester, James Braid, asiste a las demostraciones de un magnetizador francés, La Fontaine. Rápidamente se deja convencer de la veracidad de las experiencias de este último, pero rechaza la teoría del fluido y propone una teoría más fisiológica, basada en la fisiología cerebral. Para Braid, la hipnosis es un estado especial del sistema nervioso provocado por medios artificiales que permiten sumir al sujeto en un estado de sueño artificial; pero que permiten sobre todo influir en él con fines curativos mediante la sugestión. Braid hipnotiza a sus pacientes haciéndoles mirar fijamente a su dedo o a un objeto brillante. Su mérito radica en haber comprendido que la acción de hipnotizar se relacionaba más con un saber que con un poder cualquiera, y en haber mostrado la gran importancia de la sugestión verbal.

Fue James Braid quien introdujo la técnica de fijación visual de objetos como método de inducción hipnótica, y quien creó el término «hipnotismo»•. Utilizó la hipnosis en Londres como terapéutica de sugestión, y practicó incluso algunas intervenciones quirúrgicas bajo analgesia hipnóticao.

• *hipnotismo:* del griego *hypnos* = sueño. Sin embargo, se usa a veces el término *braidismo.* Braid utilizó igualmente los términos *neurohipnología* e *hipnosis.*

• Estas tentativas fueron seguidas sobre todo en el plano quirúrgico por el cirujano inglés Eliotson y el escocés Esdaille, que dijo haber realizado más de 345 intervenciones importantes bajo analgesis hipnótica.

## LIEBEAULT (1823-1904) Y EL SUEÑO PROVOCADO

En 1864 un oscuro médico rural francés, el doctor Liébeault, empieza a interesarse por la hipnosis tras haber tenido conocimiento de los trabajos de Braid. Instalado en la región de Nancy, se consagra al estudio de la sugestión hipnótica y hace de la sugestión verbal el factor más importante para la creación del estado hipnótico. Al igual que Braid, utiliza la mirada fija de objetos, generalmente de madera, y rechaza más o menos los pases, y en consecuencia el magnetismo animal. En 1866 publica sus teorías en un libro: «Du sommeil et des états analogues considérés surtout au point de vue de l'action du moral sur le physique» •.

• Al principio este libro permanece totalmente ignorado. Habrá que esperar a 1883 para que un médico de gran fama, profesor de la facultad de medicina, Hippolyte Bernheim, se interese por los trabajos de ese oscuro médico rural.

Liébeault sustituye la concepción psicofisiológica de la hipnosis por la del sueño provocado mediante sugestión. Para él, la contemplación fija de objetos o los pases magnéticos no son absolutamente obligatorios. «La sugestión, dice, es la clave del braidismo». Como escribiera Bernheim, «Liébeault duerme con la palabra y cura con la palabra». En efecto, para Liébeault ese sueño provocado por sugestión es, a pesar de todo, necesario en orden a aumentar la sugestionabilidad del sujeto y permitir la producción de toda una serie de fenómenos denominados hipnóticos.

Si resulta posible crear durante ese sueño hipnótico fenómenos especiales como contracciones, parálisis u otros trastornos funcionales, debe ser también posible crear lo contrario de tales estados patológicos.

A Liébeault hay que reconocerle el mérito de haber sido el primero en aplicar sistemáticamente la sugestión en terapéutica.

## BERNHEIM (1840-1919) Y LA SUGESTIONABILIDAD

Tras haber estudiado con Liébeault de manera muy intensa, el alsaciano Bernheim —profesor de clínica médica en la universidad de Nancy— empieza también a utilizar la terapéutica hipnótica y advertir las ventajas que proporciona. Bernheim perfecciona las técnicas utilizadas por Liébeault y crea finalmente las bases científicas de la hipnoterapia moderna. Por lo demás, sus trabajos señalaron el fin del magnetismo animal. Conviene no obstante resaltar que Bernheim sustituyó la concepción de sugestionabilidad mediante el sueño provocado de Liébeault, por la concepción de sugestionabilidad normal en el estado de vigilia.

Para Bernheim, el sueño hipnótico no es absolutamente necesario en orden a obtener los fenómenos llamados hipnóticos, como la anestesia, la contracción, etc. Según él, todos estos fenómenos pueden provocarse por simple sugestión en el estado de vigilia, y consiguientemente sin sueño. Todo consiste en la sugestión, y Bernheim afirma categóricamente: «Los fenómenos de sugestión no son función de un estado magnético (Mesmer), ni de un estado hipnótico (Braid), ni de un sueño provocado (Liébeault), sino función de una propiedad fisiológica del cerebro que puede ser accionada en el estado de vigilia: la sugestionabilidad»•.

• H. Bernheim: *De la suggestion* (París, C.E.P.L.-Retz, 1975).

La sugestionabilidad puede definirse como la aptitud del cerebro para recibir o evocar ideas, y su tendencia a realizarlas, a transformarlas en actos. Bernheim expresa así su propia teoría o, más exactamente, lo que denominó ley del ideodinamismo, a saber, que toda idea sugerida tiende al acto. La idea se hace sensación, se hace emoción, se hace acto orgánico. Pero, si esta idea puede hacerse acto, puede también neutralizar ese acto, inhibir el movimiento, inhibir la sensación, inhibir la imagen, inhibir la función. Bernheim reconoce que ciertos estados de alma o ciertos estados de consciencia pueden aumentar esta sugestionabilidad. Otro tanto ocurre con el sueño que, según él, es un estado de inconsciencia diferente en el que se embotan las facultades de control. El sueño aumenta la sugestionabilidad, de un lado aumentando la creditividad • y suprimiendo el razonamiento, y de otro desarrollando la fuerza ideodinámica mediante el predominio de las facultades de imaginación.

• La *creditividad* es para Bernheim lo que los teólogos denominan fe, y que nos es dado a fin de poder creer bajo palabra sin exigir pruebas racionales o materiales.

A este propósito cabe recordar el célebre método Coué•, basado igualmente en el ideodinamismo y que, según su propio autor, consistía en pronunciar lo bastante fuerte para oír las propias palabras, y contando en una cuerda con veinte nudos, la frase siguiente: «Todos los días, desde todos los puntos de vista, voy cada vez mejor». Hay que repetir esta frase todas las mañanas y las tardes en la cama, con los ojos cerrados, sin intentar fijar la atención en lo que se dice.

• Emile Coué, farmacéutico de Nancy, autor de un libro titulado *La maîtrise de soi-même par l'autosuggestion consciente*.

## El conflicto Bernheim-Charcot

Jean Martin Charcot (1825-1893), primer titular de la cátedra de neurología en Francia, médico jefe en la Salpêtrière, era un anatomista y neurólogo experimentado de gran fama. Creyó poder demostrar que la hipnosis, o más exactamente el estado hipnótico, era de hecho un estado histérico. Asimilaba el estado hipnótico a una crisis de histeria, y pensaba que tal estado sólo podía provocarse en sujetos predispuestos, de naturaleza histérica. Consideraba la capacidad de ser hipnotizado como un síntoma de la enfermedad, y no como una posibilidad del sistema nervioso sano.

La hipnosis, para la escuela de la Salpêtrière, se convierte en una neurosis experimental, es decir, provocada artificialmente en sujetos predispuestos, en un estado fisiológico patológico de origen funcional vinculado a trastornos cerebrales.

Conviene advertir aquí que Charcot, que nunca hipnotizó por sí mismo•, probablemente se hizo ridiculizar por un gran número de simuladores. Esto puso en duda el valor de sus reflexiones sobre la hipnosis, y en consecuencia la hipnosis misma; lo que, en cierta manera, contribuyó al abandono definitivo de la hipnosis en Francia, a pesar de los trabajos de Babinski y Janet.

• Sus pacientes eran «preparados» siempre por ayudantes.

Bernheim, por el contrario, muestra que la hipnosis es un estado normal, no simulado, obtenido mediante la sugestión y que puede darse en personas normales. Para la escuela de Nancy, se trata de un estado biológico de origen psicológico, y no de un estado puramente funcional. Gracias a los trabajos de Babinski (1857-1932)•, las ideas de Bernheim desplazan rápidamente a las de Charcot, y Bernheim se impone como el verdadero fundador de la hipnoterapia.

• Y aunque Babinski fue alumno y discípulo de Charcot.

PIERRE JANET (1859-1947)
Y LA DISOCIACION DE LA CONSCIENCIA

Pierre Janet, siendo profesor en El Havre, emprende a su vez investigaciones sobre la hipnosis, y muestra que ésta es de hecho el resultado de una consciencia secundaria disociada, o doble consciencia. Janet se apoya en los fenómenos de desdoblamiento de la personalidad y en lo que se llaman fenómenos de amnesia posthipnótica. De hecho, encuentra pacientes aquejados de desdoblamiento de la personalidad, que en ocasiones presentan una personalidad y en ocasiones otra, sin acordarse nunca de la que acaban de dejar. Además, el sujeto hipnotizado profundamente no recuerda lo que ha pasado durante la hipnotización. Emitiendo la hipótesis de una segunda consciencia disociada, Pierre Janet coincide con los trabajos de Freud sobre el inconsciente, a punto de iniciarse por entonces. Pero el descrédito causado por los trabajos de Charcot, las dificultades en captar los fenómenos hipnóticos, la eclosión de las teorías psicoanalíticas y de la no directividad, hacen que la hipnosis caiga rápidamente en el olvido en Francia; y ello, a pesar precisamente de los trabajos de Pierre Janet, y de los más actuales e importantes de Léon Chertok en París• y de J. J. Kress en Estrasburgo•.

• Expuestos en el libro de L. Chertok: *La hipnosis* (Madrid, Atika, 1964).
• Ver sobre todo J. J. Kress y M. Ritter: «L'hypnose en thérapeutique psychiatrique» en *Encyclopédie médico-chirurgicale* (Psychiatrie 1969, 37920 50) y A. Bobzinger, J. J. Kress y J. L. Schmitt: «Hypnose et relation psychothérapique», en *Revue de médecine psychosomatique* n.º 4, tomo 12, 1970.

## Las grandes etapas de la hipnosis

Mesmer fue el iniciador del magnetismo por sus trabajos sobre el magnetismo animal; insistió en la existencia de un fluido animal. El marqués de Puységur fue el verdadero fundador del magnetismo. Refutó el fluido animal y descubrió el sueño magnético, la posibilidad de contacto verbal entre magnetizador y magnetizado, y la importancia de la voluntad del magnetizador. El abate Faria subrayó la importancia del magnetizado. El inglés Braid abrió verdaderamente el camino creando el término hipnosis, demostrando la importancia de la técnica de fijación visual para

inducir el trance hipnótico, y estableciendo finalmente la primera doctrina neurofisiológica sobre la hipnosis. Liébeault mostró la importancia de la sugestión en la producción del sueño hipnótico.
Bernheim creó su teoría del ideodinamismo, insistiendo principalmente en la sugestión como elemento de provocación del fenómeno hipnótico y como elemento terapéutico. Desde entonces quedaba abierto el camino a la hipnoterapia moderna.
Janet completó las teorías precedentes con su propia teoría sobre la disociación de la consciencia, preparando así las teorías freudianas sobre el inconsciente al mostrar la importancia de éste en los fenómenos hipnóticos.

## EL ESTADO HIPNOTICO

Definir el estado hipnótico no es nada fácil. Todas las definiciones son unívocas en razón de los a priori teóricos y conceptuales de sus autores, que sitúan el fenómeno a un nivel psicológico, sociológico y fisiológico. Liébeault habla de un sueño provocado con exaltación de la sugestionabilidad, y Bernheim lo define como un estado psíquico especial susceptible de ser provocado y que aumenta en grados diversos la sugestionabilidad, Para Pavlov, el célebre fisiólogo ruso, el estado hipnótico es un estado que se sitúa entre la vigilia y el sueño. Se trataría de un estado fisiológico muy especial del cerebro, que ni es estado de vigilia ni estado de sueño con pérdida de consciencia, como se ha creído a menudo.

De hecho, el estado hipnótico es un estado específico susceptible de estudiarse desde ángulos distintos, pero no necesariamente opuestos o contradictorios. Dicho estado se acompaña de toda una serie de fenómenos denominados hipnóticos, que van de la sensación de embotamiento y somnolencia a las alucinaciones visuales y auditivas, pasando por sensaciones de pesadez con imposibilidad de mover los miembros, de analgesia•, de amnesia transitoria, de movimientos automáticos, etc.

• *analgesia:* pérdida de la sensibilidad al dolor.

## LOS PROCEDIMIENTOS, O COMO HIPNOTIZAR

El esquema básico de una sesión de hipnotización es prácticamente siempre el mismo y puede dividirse en cuatro partes: los tests de sugestionabilidad, la inducción hipnótica, la profundización del trance y el despertar.

### *Los tests de sugestionabilidad*

El operador comienza por indagar el grado de sugestionabilidad del sujeto. Se utilizan corrientemente tres tests: el procedimiento de Kohnstann, el test de balanceo y el test de las manos apretadas.

— En el test de Kohnstann, el operador pide al sujeto que, con los brazos estirados a lo largo del cuerpo, apoye el costado derecho o izquierdo fuertemente contra la pared. Cuando invita al sujeto a alejarse de ella, se constata a menudo que el brazo comprimido se levanta espontáneamente.

— En el test de equilibrio, el operador pide al sujeto que se mantenga en posición erecta, con los pies juntos y los ojos cerrados. El operador se sitúa detrás de él, coloca las dos manos sobre sus hombros y le intima la orden de tumbarse hacia atrás en cuanto él retire sus manos. Entonces el sujeto se pone a oscilar progresivamente hasta caer hacia atrás, más o menos bruscamente, en función de su grado de relajación y sugestionabilidad.

— En el test de las manos apretadas, a menudo utilizado en grupo, el operador pide al sujeto que apriete fuertemente sus manos entrecruzadas. Luego cuenta hasta cinco y le dice que ya no puede descruzar sus manos, lo que se verifica más o menos en función del grado de sugestionabilidad del sujeto.

Existen aún toda una serie de tests de sugestionabilidad, con escalas validadas estadísticamente o no y muy utilizadas en los países anglosajones. Estos tests sirven ya de preparación a la inducción hipnótica y, muy a menudo, el hipnotizador pasa de lo uno a lo otro sin hacérselo saber al sujeto.

### *La inducción al trance hipnótico*

La inducción hipnótica va a consistir en llevar al sujeto al estado hipnótico, es decir, en hacerle cerrar los ojos, mantener una postura inmóvil y esperar un estado más o menos

profundo de relajación, y flexibilización; también en esto cada operador utiliza sus propias técnicas.
Los procedimientos de hipnotización apenas han cambiado desde Liébeault y Bernheim. Entre las técnicas más utilizadas citaremos:
— La fijación visual de un objeto luminoso o no. Se pide al sujeto que mire fijamente a un objeto colocado a 25 cm de sus ojos y que concentre en él toda su atención.
— La simple sugestión verbal, basada únicamente en la palabra y que consiste en repetir una serie de sugerencias tales como: «Sus párpados se vuelven pesados, cada vez más pesados, sus ojos se cierran», etc.
— El metrónomo, donde se utiliza conjuntamente el tictac monótono del instrumento y la sugestión verbal.
Ciertos operadores emplean gadgets, bolas de cristal, estímulos auditivos como el ruido de una cascada, estímulos visuales como cartas de colores, etc.
En general, el operador recurre simultáneamente a la sugestión verbal y a un medio material como una estilográfica o una bola. La mayoría de los hipnotizadores insisten mucho en esta inducción hipnótica, y verifican generalmente su efecto diciendo al sujeto que no puede abrir los ojos. A partir del momento en que el sujeto ya no es capaz de abrir los ojos, se puede considerar que se halla en estado de hipnosis.

*La profundización*
Obtenida la inducción hipnótica (ojos cerrados, buen estado de relajación del conjunto del cuerpo), hay que profundizar ese estado. El operador lo conseguirá con una serie casi ininterrumpida de sugerencias de profundización del sueño, entrecortadas por preguntas destinadas a verificar el nivel de profundidad•.

• Esta verificación subjetiva se revela particularmente útil en las aplicaciones terapéuticas. El efecto terapéutico es para los hipnotizadores clásicos proporcional a la profundidad del estado hipnótico.

Entre los fenómenos sugeridos, cabe advertir:
— la catalepsia, o puesta en tensión de un miembro del sujeto y pérdida de la capacidad de realizar movimientos voluntarios;
— la parálisis: el sujeto ya no puede mover las manos o las piernas;
— los movimientos automáticos: el sujeto ejecuta por orden del operador todo tipo de gestos no controlados;

— la analgesia sugerida: el sujeto ya no siente su mano aunque se la pinchen o pellizquen;
— la sensibilidad exagerada al frío, por ejemplo, haciéndole evocar una situación de helada cuando realmente se está en la canícula;
— los fenómenos alucinatorios;
— las sugestiones poshipnóticas;
— la amnesia poshipnótica, período durante el cual el sujeto puede olvidar todo o parte de lo ocurrido antes o a lo largo de la sesión.

Una vez realizados o no estos distintos fenómenos, la sesión concluye con órdenes poshipnóticas, generalmente de intencionalidad terapéutica. Por ejemplo: «no fumará más».

*El despertar*

Es importante, so pena de registrar fenómenos desagradables, anular cada orden hipnótica (una vez realizada) antes de pasar a la siguiente, y llevar al sujeto a despertar de manera muy progresiva.

Cada hipnotizador tiene su propia técnica para ello; lo esencial es que el despertar se efectúe siempre de forma progresiva.

## Ejemplo de hipnotización clásica

He aquí lo que escribe el doctor Bernheim en su libro «Hipnotismo, sugestión, psicoterapia»•:

«La hipnosis es en general fácil: el sujeto está tumbado o cómodamente sentado en un sillón; le dejo recogerse unos instantes, advirtiéndole que le voy a dormir muy fácilmente con un sueño dulce, tranquilo, como el sueño natural. Aproximo suavemente una mano a sus ojos y digo: «Duerma». Algunos cierran al instante los ojos y quedan dormidos. Otros se duermen sin cerrar los ojos, con la mirada fija y con todos los fenómenos de la hipnosis. Otros presentan cierto

• H. Bernheim: *Hypnotisme, suggestion, psychothérapie* (París, Doin, 1903).

parpadeo: los ojos se abren y se cierran alternativamente. En general, yo no los dejo abiertos durante mucho tiempo. Si no se cierran espontáneamente los mantengo cerrados por algún tiempo, y si advierto cierta resistencia añado: 'Déjese hacer; sus párpados están pesados, sus miembros se embotan, el sueño viene. Duerma'. Es raro que transcurran uno o dos minutos sin que se produzca la hipnosis. Algunos quedan de pronto inmóviles e inertes; otros tratan de recuperarse, abren de nuevo los ojos, se despiertan a cada momento; yo insisto, mantengo los párpados cerrados y digo: 'Siga durmiendo'...

Un número bastante elevado de sujetos caen así en un profundo sueño, con amnesia al despertar. Otros, menos preparados, menos dóciles, sobre todo entre la clientela urbana, se dejan hacer más difícilmente. Siendo la hipnosis menos profunda, no tienen consciencia de ser influenciados. El operador sorprende en la actitud del sujeto cierta inquietud: a veces el sujeto dice que no se duerme, que no se puede dormir. Yo insisto y le digo: 'Sé que me oye: puede ser influenciado aun oyéndome. El sueño no es necesario. No hable. Tenga los ojos cerrados. Escuche bien', etc.; y elevo suavemente su brazo en el aire. Entonces obtengo a menudo, aun cuando el sujeto no crea estar influenciado, una catalepsia sugestiva más o menos irresistible, y a veces movimientos automáticos seguidos de una contracción. Así llego a un grado más o menos alto de influencia, sin sueño propiamente dicho, o al menos sin que el sujeto tenga consciencia del sueño. A veces, en la misma sesión, consigo gradualmente realizar en él toda la serie de fenómenos; en algunos que parecen recalcitrantes he llegado a obtener así, por sugestión, incluso la amnesia al despertar. Otros no superan los primeros grados en la sesión inicial, pudiendo en las siguientes llegar a la hipnosis completa; pero no todos lo consiguen».

LOS CRITERIOS

Para saber si un sujeto se halla o no en estado de hipnosis, existen criterios subjetivos y criterios objetivos.

1. *Los criterios subjetivos se sirven de tests de verificación durante la hipnotización.*

Para Childers y Kauders• el mejor criterio es la verificación de las sugestiones durante la hipnotización: pesadez, catalepsia, anestesia, amnesia. Es el proceso que utilizan generalmente los hipnotizadores y que constituye una de las características fundamentales de la hipnosis. Existen también tests para realizar durante la hipnotización, que permiten verificar el estado de profundidad del trance hipnótico.

• Ver L. Chertok: *La hipnosis* (Madrid, Atika, 1964).

Davis y Husband• crearon una escala de profundidad que incluye cinco estadios: el estadio refractario, el estadio hipnoide, el trance leve, el trance medio y el trance profundo. Esta misma escala se halla dividida en treinta grados distintos, que ponen en paralelo las sugestiones realizables en los diferentes estadios•. Liébeault, por su parte, distingue diez estados, y Bernheim nueve. Y merecen citarse también las escalas de Lecron y Bordeaux, así como la de Duprat•.

• *Idem.*

• Cada autor utiliza a menudo su propio método de verificación, lo que ha contribuido a multiplicar estos criterios.

• Ver G. R. Rager: *Hipnosis, sofrología y medicina* (Barcelona, Scientia, 1973).

La mayoría de los hipnotizadores clásicos están de acuerdo en afirmar que los resultados terapéuticos se hallan en función del grado de profundidad del trance. Sin embargo, algunos trabajos recientes han puesto de manifiesto que el resultado terapéutico no se halla en función del grado de profundidad del estado hipnótico, sino del grado de sugestionabilidad. Las escalas no siempre se corresponden con la realidad. El paralelismo entre grado de profundidad y fenómeno sugestivo no existe. A veces se puede obtener una anestesia, o más exactamente una analgesia, en estados de trance leve, lo que contradice las aserciones de los hipnotizadores clásicos.

2. *Los criterios objetivos son por lo general decepcionantes en cuanto que a menudo resultan contradictorios.* Existen pocos estudios serios sobre el tema, dado que los autores han realizado sus investigaciones en condiciones experimentales a menudo muy distintas unas de otras, que no permiten la comparación entre ellas.

En el plano muscular, en el estado hipnótico se dan principalmente la hipotonía (disminución del tono muscular) y la catalepsia.
En el plano de la sensibilidad, se advierte a menudo un aumento del umbral de excitabilidad, y ciertas modificaciones neurovegetativas tales como la lentificación del pulso, de la respiración, una ligera disminución de la tensión arterial, etc.
Al nivel electroencefalográfico, los resultados son absolutamente contradictorios.

Sin embargo, se dibujan tres tendencias. Algunos resultados asimilan la hipnosis al sueño, otros no muestran diferencias significativas con el estado de vigilia, y otros presentan huellas de un estado intermedio entre la vigilia y el sueño. Todas estas correlaciones fisiológicas son poco características y, en consecuencia, no específicas y poco significativas. Es evidente que estos criterios llamados objetivos no pueden servir de criterios absolutos.

*¿Quién puede hipnotizar, quién puede ser hipnotizado?*
Si se acepta, con Weitzenhoffer•, que la sugestionabilidad es un fenómeno universal y que «hipnotizabilidad» y sugestionabilidad son idénticas, cualquier persona es hipnotizable. De hecho, tras un estudio científico, Bramwell• estima que del 78 al 97 % de los adultos son hipnotizables. El problema, sin embargo, nos parece depender a la vez de la personalidad de los dos que intervienen, de la técnica empleada, de la competencia del hipnotizador, del grado de profundidad obtenido y de las circunstancias de tiempo y entorno. Así, si ciertos sujetos caen fácilmente en un estado de sonambulismo, otros se mantienen totalmente refractarios.
La práctica demuestra que los sujetos se habitúan generalmente a cierto grado de profundidad, que se obtiene invirtiendo de una a diez sesiones. Más allá de estas sesiones son raros los sujetos que llegarán a profundizar el trance. La profundidad de grado obtenida puede, sin embargo, variar de una sesión a otra y a lo largo incluso de una misma sesión. De hecho, a condición de estar de acuerdo de manera consciente o inconsciente, todos los individuos son a priori

• A. Weitzenhoffer: *Hypnose et suggestion* (París, Payot, 1967).

• Citado en L. Chertok: *La hipnosis* (Madrid, Atika, 1964).

hipnotizables, aunque en distintos grados. Basta dar con la técnica apropiada en función de la competencia del hipnotizador y de la personalidad del sujeto.
Si es cierto que cualquier persona es hipnotizable, nosotros pensamos también que cualquier persona es capaz de hipnotizar. No hay nada mágico en esto. Basta aprender las técnicas de hipnotización. Sin embargo, en razón de las resonancias psicofisiológicas de la hipnosis, nos parece que ésta ha de reservarse a expertos especialmente formados a nivel fisiológico y psicológico.

## LAS APLICACIONES TERAPEUTICAS

Existen dos grandes tipos de utilización terapéutica de la hipnosis: las terapias por la hipnosis y las terapias bajo hipnosis.

1. *La terapia por la hipnosis,* medio autosuficiente en cura de corta o larga duración, espera aprovecharse del sueño provocado para reequilibrar el funcionamiento psicosomático del individuo. Es en cierto modo equivalente a las curas de sueño, donde sólo se busca como efecto terapéutico un tranquilizamiento momentáneo, una especie de marginación transitoria pero reequilibradora. Este efecto es el que persiguen principalmente los métodos de relajación.

2. *Las terapias bajo hipnosis* comprenden una acción terapéutica mediante el empleo de sugestiones, y una desaparición eventual de los síntomas mediante la denominada toma de conciencia. Así es como se desarrollaron métodos de inspiración psicoanalítica, al estilo del hipnoanálisis o la hipnocatarsis. Estos métodos utilizan el sueño artificial para hacer revivir al paciente los acontecimientos reprimidos, liberándole así de conflictos o de viejos traumatismos.

Las terapias bajo hipnosis han sido igualmente utilizadas en grupo, en forma de hipnosis de grupo e incluso de hipnodrama, según las técnicas elaboradas por Moreno•. La hip-

• Moreno es el creador del psicodrama, método terapéutico que utiliza la interpretación dramática como medio de investigación psicológica y de liberación de complejos. El psicodrama se utiliza también para el diagnóstico de conflictos entre diferentes grupos.

noterapia ha sido aplicada a casi toda la patología humana. Al principio la utilizaban sobre todo médicos internistas, y luego la utilizaron personas ajenas a la medicina. Poco a poco estas técnicas volvieron a ser patrimonio de los psiquiatras. Pero el campo preferido de la hipnosis son las enfermedades psicosomáticas•. La hipnosis clásica se usa cada vez menos, con fines experimentales o didácticos; y a veces, pero raramente, en terapia de recambio o de urgencia con pacientes refractarios a cualquier otra forma de tratamiento. La hipnosis es una terapia difícil de aplicar, fatigadora para el hipnotizador. La relación de dependencia que implica del sujeto respecto del hipnotizador, es frecuentemente mal aceptada. Sus éxitos son a veces reales, pero siempre inconstantes y a menudo poco duraderos.

• Es de advertir sin embargo que la hipnosis se utiliza también con éxito en odonto-estomatología, principalmente como analgésico.

En una época en que aparecen las teorías freudiana y jungiana sobre el inconsciente, las terapias directivas, y por ende la hipnosis, son puestas en entredicho porque sólo se orientan a lo consciente. Ya no se trata de imponer al paciente las propias ideas, sino de llevarlo de forma no directiva, es decir, muy personalmente, a tomar conciencia de sus propios conflictos psíquicos, conduciéndolo así (según Jung) a cierta individualización. Mientras su núcleo inconsciente no es liberado, ninguna orden dirigida sólo a lo consciente será eficaz. La hipnosis no cura más que el síntoma: un alcohólico curado de su alcoholismo por orden hipnótica, correrá el riesgo de hacerse opiómano (por ejemplo).

La hipnosis se utiliza tanto con los adultos como con los niños a partir de los cinco o seis años; pero conviene señalar que el objetivo terapéutico de la mayoría de los métodos hipnóticos es de hecho la autohipnosis, lo que se logrará cumplidamente a través de la eclosión de los métodos de relajación.

## LAS CONCEPCIONES MODERNAS

En el momento actual, cada escuela da una explicación a partir de su propia postura conceptual.

Ninguna teoría parece satisfactoria. Por dos razones: de un lado, el a priori teorético, y de otro la falta de objetividad cuando se trata de sentimientos, a diferencia de lo que ocurre con los fenómenos orgánicos. No puede compararse lo psicológico con lo somático. No se puede seguir objetivamente un fenómeno subjetivo: ahora bien, la hipnosis presenta a la vez fenómenos objetivos al lado de fenómenos subjetivos (modificaciones de la tensión arterial y modificaciones de la sugestionabilidad, por ejemplo). La tensión arterial no es una medida de la sugestionabilidad. Sin embargo, todos están de acuerdo en afirmar que hay «algo», y ese algo es el que suscita tantas pasiones y tantas explicaciones. Como recuerdan J. Kress y M. Ritter, «todas las doctrinas proponen una explicación teórica, pero ninguna de ellas puede explicar todos estos aspectos y todas se sienten insatisfechas. Sin excepción, todas las teorías han tropezado con la dualidad psicosomática, cuyo carácter insoluble pone de manifiesto la hipnosis»•. Ciertos autores insisten exclusivamente en la fisiología o en la psicología; otros adoptan una posición más matizada. Se dibujan tres grandes corrientes: las teorías procedentes de la neurofisiología, las procedentes de la psicología experimental y, finalmente, las teorías psicoanalíticas, e incluso psicosociológicas.

• J. J. Kress y M. Ritter: «L'hypnose en thérapeutique psychiatrique», en *Encyclopédie médico-chirurgicale* (*Psychiatrie* 1969, 37820 B 50).

### LAS TEORIAS NEUROFISIOLOGICAS

Para Pavlov y su escuela, el estado hipnótico es un estado que se sitúa entre la vigilia y el sueño, un sueño parcial distribuido en tres fases hipnoides•, resultante de una inhibición cerebral parcial con persistencia de puntos vígiles que permiten la comunicación entre el hipnotizador y el hipnotizado.

• Las fases se denominan de igualación, paradójica y ultraparadójica.

### LAS TEORIAS INSPIRADAS EN LA PSICOLOGIA EXPERIMENTAL

Para Hull, psicólogo del comportamiento, se trata de un proceso destinado a inhibir los procesos simbólicos propios del sujeto, de suerte que acepte las estimulaciones simbólicas del hipnotizador y permita a éstas traducirse en actos; teoría que puede compararse con la ley del ideodinamismo de Bernheim, según la cual una idea, bajo ciertas condiciones, puede transformarse en movimiento, es decir, que el proceso hipnótico tiende a inhibir los procesos mentales personales del hipnotizado para remplazarlos por los del hipnotizador.

White insiste en el papel de la motivación, que consiste finalmente en comportarse como espera el hipnotizador•. Sarbin muestra la importancia de la función lúdica• en el establecimiento del estado hipnótico•.

Orne, inspirándose en las ideas de White y Sarbin, muestra que existe un fondo específico sociocultural, y que la hipnosis de ahora no es ya la de antes. Habla incluso de una «locura de dos», pues el hipnotizador y el hipnotizado interpretan el papel que se espera de ellos, y esto en función del medio socio-cultural•.

Otros autores (Barber, Weitzenhoffer•), inspirándose en los trabajos de Bernheim, han querido asimilar hipnosis y sugestión, y mostrar que las sugestiones hipnóticas podían realizarse en estado de vigilia en sujetos predispuestos. Pero acabaron por aceptar que había no obstante «algo más».

Citemos finalmente, en la línea de los trabajos de Janet, a los teóricos de la «disociación», teoría según la cual ciertas corrientes de consciencia pueden aislarse y asegurar una actividad automática. Estas teorías derivan de los estudios sobre la doble personalidad, que preparan los trabajos de Freud sobre el inconsciente, sin utilizar este término.

## LAS TEORIAS PSICOANALITICAS

Ferenczi (1909) habla de la hipnosis maternal, basada en el amor (un niño, por amor hacia su madre, intentará complacerla, en su fase edipiana, para remplazar a su padre) y de la hipnosis paternal (miedo al guardia), basada en el temor. Para él se trata, pues, de una reactivación del conflicto edipiano. En un proceso de terapia, el paciente puede vivir al terapeuta como a una madre (dulce) o como a un padre (autoritario).

• R. W. White: «An Analysis of Motivation in Hypnosis», en *The Journal of Psychology*, 1941-24. 145-162.

• *función lúdica:* función del juego (los niños juegan a cowboy, como el hipnotizado juega a que le «hipnoticen».

• T. R. Sarbin y W. C. Coe: *A Social Psychological Analysis of Influence Communication* (Nueva York, Holt, Rinehart and Winston, 1972).

• M. T. Orne: «The Nature of Hypnosis», en *Journal of Abnormal and Social Psychology*, 1959-58, 277-299.

• T. X. Barber y col.: *Imagination and Human Potentialities* (Nueva York, Pergamon Press, 1974). Barber ha publicado más de 130 estudios sobre la hipnosis. A Weitzenhoffer: *Hypnose et suggestion* (París, Payot, 1967).

Freud (1921) insiste en el papel de la erotización y en la sumisión al hipnotizador. Fue la toma de conciencia de esta erotización y de los peligros que presenta lo que llevó a Freud y a la mayoría de los psicoanalistas a abandonar la hipnosis.
Son numerosos los psicoanalistas que han aportado su parte a la edificación de una teoría explicativa de la hipnosis; entre éstos, Chertok cita a Schilder, Jones, Fenichel, Nacht, Ida Macalpine, Meares, Fischer, Wolberg... Todos ellos insistieron en la naturaleza relacional, transferencial, libidinal y regresiva de la hipnosis.
Kubie y Margolin (1944), articulando psicoanálisis y fisiología, mostraron la posibilidad de obtener un estado regresivo a través de manipulaciones sensoriomotrices: si se pone a un sujeto en un ambiente sin estímulos sensoriales y motores o, al contrario, exagerando los estímulos, el sujeto se muestra dócil como un niño.
Fue siguiendo estas ideas, y después de los trabajos de investigación realizados durante más de veinte años, como Gill y Brenman, en 1959, integraron fisiología, psicoanálisis y psicología experimental. La hipnosis es para ellos un proceso regresivo susceptible de ser desencadenado por una reducción de la actividad mental y sensoriomotriz, o por la creación de una relación de dependencia con el hipnotizador. Una de estas actividades implicaría automáticamente la otra.
A la luz de estos trabajos, la hipnosis es vivida desde un punto de vista psicológico como un retorno a un comportamiento inmaduro e infantil, lo que acarrea una satisfacción de naturaleza infantil. Desde un punto de vista fisiológico, crea una serie de modificaciones sensoriomotrices. Estos fenómenos psicofisiológicos pueden ser simultáneos o derivar uno de otro.

## LA TEORIA ETOLOGICA

A. Demaret• propuso en Lieja una explicación de la hipnosis que se inspira en el estudio del comportamiento (etología) de los animales, y compara la hipnosis con la «tendencia a seguir» de los animales jóvenes.
En efecto, se ha observado que los animales tienden a seguir a su madre.

• Médico especialista de los hospitales, maestro de conferencias, departamento de psicología médica y medicina psicosomática en la universidad de Lieja. A. Demaret: «Préliminaires d'une théorie éthologique de l'hypnose», en *Acta Psychiatrica*, 1974, 74, 345-356.

| | Mesmer 1734-1815 | Puységur 1751-1825 | Braid 1795-1860 | Liébeault 1823-1904 | Bernheim 1840-1919 |
|---|---|---|---|---|---|
| Procedimiento utilizado | Manipulaciones<br>Pases<br>Cubetas | Contacto verbal | Fijación visual del dedo | Fijación del dedo + sugestión | Sugestión |
| Modo de acción terapéutica | »Crisis» convulsiva | Sueño provocado y posibilidad de entrar en contacto verbal | Sueño + sugestión verbal | Sueño + sugestión verbal | Sugestión |
| Teoría | Magnetismo animal | Sonambulismo o sueño artificial | Neurofisiología<br>Estado especial del sistema nervioso provocado por medios artificiales | Ψ = sugestionabilidad | Ideodinamismo |
| Importante | Fluido | Voluntad del magnetizador | Inducción hipnótica obtenida/fijación | Sugestionabilidad exaltada por el sueño | Sugestión en estado de vigilia |

CONCLUSION

Este capítulo pone de manifiesto la evolución de las ideas y los conceptos que dieron origen a las concepciones actuales sobre la hipnosis.

Puede constatarse que, si bien las teorías iniciales fueron obra de investigadores franceses, las concepciones modernas son casi todas de origen anglosajón.

Otro tanto ocurre en la práctica, hallándose la hipnosis casi totalmente abandonada en Europa (aunque actualmente se advierte un interés creciente por el fenómeno hipnótico). Este abandono de la hipnosis puede explicarse por el hecho de que ha dado origen a los métodos de relajación, y ahora a la sofrología. Métodos que son todos ellos culturalmente más aceptables y más eficaces en el plano terapéutico.

# Los métodos de relajación

Para el común de los mortales, relajarse es expansionarse, perder tensión, sustituir la noción de trabajo por la de diversión. La preocupación del médico va más lejos. Procediendo de modo científico, intentará elaborar sistemas específicos de distensión con una finalidad preventiva, pero también terapéutica. Porque, si es cierto que para la mayoría de los individuos un cambio de actividad o la entrega a pasatiempos agradables pueden servir de medio de relajación, para las personas enfermas tales medios resultan insuficientes.

Los doctores Geismann y Durand de Bousingen dan varias definiciones de relajación: «La relajación es una técnica orientada a la búsqueda del reposo más eficaz posible, al mismo tiempo que a la economía de las fuerzas nerviosas puestas en juego por la actividad general del individuo»•; o también, «un intento de liberarse físicamente, pero también moral, intelectual y afectivamente de alguna opresión»•.

La relajación es, pues, un medio, una técnica médica con la que se somete a descanso el cuerpo y el espíritu. Es un medio eficaz, no siempre inofensivo, más o menos fácil, de evitar —o de tratar— toda una serie de desequilibrios físicos, morales y psíquicos. Se han elaborado numerosos métodos médicos de relajación. Pueden dividirse en dos grupos muy distintos. De un lado, los métodos de origen fisiológico, donde entran en juego sobre todo las funciones musculares y su movilización pasiva o activa; de otro, los métodos más

• R. Durand de Bousingen: *La relajación* (Barcelona, Vergara, 1967).
• P. Geismann y R. Durand de Bousingen: *Les méthodes de relaxation* (Bruxelles, Dessart).

psicológicos, donde se estimulan sobre todo las funciones psíquicas. Los métodos fisiológicos derivan casi todos de la técnica de E. Jacobson, y los métodos psicológicos del training autógeno de J. H. Schultz.

## EL TRAINING AUTOGENO DE SCHULTZ

El método del training autógeno, denominado también por su autor «método de relajación por autodescontracción concentrativa», nació de las investigaciones de Oskar Vogt• y Korbinian Brodman• sobre el sueño y la hipnosis, realizadas entre 1894 y 1903 en el Instituto de neurobiología de Berlín.

Oskar Vogt había observado que ciertos pacientes, tras haber sufrido numerosas sesiones de hipnosis, eran capaces por sí mismos de sumirse en un estado similar. Durante ese estado de autohipnosis aparecían en ellos sensaciones de pesadez y de calor, acompañadas de un considerable efecto de recuperación•. Oskar Vogt observaba también que estos ejercicios mentales, practicados varias veces por día, reducían de forma notable los efectos de stress• de la fatiga y de la tensión. El denominaba este método «autohipnosis de reposo profiláctico». Vogt, Brodman y Schultz fueron todos ellos alumnos de Otto Binswanger.

• O. Vogt (1870-1939): Psiquiatra alemán, fundador del Instituto neurobiológico de Berlín.

• K. Brodman (1868-1918): psiquiatra alemán, creador de la teoría de las localizaciones cerebrales a nivel cortical.

• Término utilizado aquí en el sentido de «regeneración psicofísica».

• *stress:* shock psicológico grave, emoción traumática que perturba el organismo. El término incluye a la vez el ataque brusco causado por un agente exterior al organismo, y la subsiguiente reacción de defensa.

LA VIDA DE SCHULTZ

Johannes Heinrich Schultz nació en la Baja Sajonia el 20 de junio de 1884. Fue el octavo hijo de un profesor de teología de la universidad de Göttingen, llamado Herman Schultz. Estudia medicina en las universidades de Lausana, Göttingen y Breslau, donde hizo además sus primeras armas en psicología bajo la dirección de William Stern y Edmund Husserl. En el Instituto de investigaciones biológicas de Helgoland realiza estudios que le ponen en amistosa relación con Karl Jaspers. Luego estudia psiquiatría bajo la di-

rección de Richard Stern y Paul Ehrlich, trabajando asimismo en dermatología.
En 1905 explora las potencialidades de la hipnosis y de las diversas formas de sugestión. En 1912 acepta trabajar con Otto Binswanger (Jena) y Hans Berger, padre de la electroencefalografía. Schultz se inspira sobre todo en los trabajos de Oskar Vogt orientados psicofisiológicamente sobre la hipnosis, y en las teorías psicoanalíticas de Sigmund Freud. Es nombrado profesor de psiquiatría en la facultad de medicina de la Universidad de Jena el año 1915. Escribe su primera obra importante, «El tratamiento psicológico de los pacientes», durante la guerra de 1914-1918, mientras dirige un hospital psiquiátrico de más de dos mil camas en Malonne, cerca de Namur (Bélgica).
En 1932, tras diez años de observación clínica y experimental, publica la primera edición del «Training autógeno»•. De 1936 a 1945 dirige el Instituto alemán de investigaciones psicológicas y psicoterapéuticas. A partir de 1945 se consagra a la psicología médica y, más especialmente, a la enseñanza de la psicoterapia.

• J. H. Schultz: *El entrenamiento autógeno* (Barcelona, Científico Médica, 1969, 3.ª edic.).

La obra de Schultz es considerable, e interesa no sólo a la psicoterapia y a la neuropsiquiatría, sino también a la medicina interna, la dermatología y la inmunología. Schultz es un psicoanalista de la primera hora, y conoció a Freud en 1911. Caycedo estuvo en contacto con él, y Schultz iba incluso a presidir el primer congreso mundial de sofrología, pero murió algunos meses antes.

## EL DESCUBRIMIENTO DE SCHULTZ

Schultz, médico internista, neurólogo, psiquiatra y psicoterapeuta, al buscar un método opuesto a la hipnosis, es decir, sin sugestión y sin lazo de dependencia entre el hipnotizador y el hipnotizado, había descubierto «la posibilidad, para ciertos individuos cultos y de espíritu crítico, de entrar en el estado particular de hipnosis mediante una acción voluntaria y personal»•. En esta época, como hemos dicho, la hipnosis era uno de los tratamientos más utilizados para los trastornos

• J. H. Schultz: *El entrenamiento autógeno* (Barcelona, Científico Médica, 1969, 3.ª edic.).

| | | Hipnosis | Relajación |
|---|---|---|---|
| Relajación sujeto/terapeuta | | directiva | transferencial |
| Actitud | | | |
| — del sujeto | | pasiva | activa |
| — del terapeuta | | activa | pasiva |
| Duración de entrenamiento | | corta | larga |
| Resultados | | inconstantes | constantes |
| Entrenamiento | inducido | +++ | ++ |
| | dirigido | +++ | – |
| | controlado | +++ | ++ |
| Consecuencia para el terapeuta | | fatigadora | distensiva<br>tranquilizante |
| Nivel de consciencia | | sueño<br>hipnótico<br>(distintos grados) | estado autógeno<br>(vigilancia) |
| Sugestiones | | +++ | +<br>– |

nerviosos. La hipnosis realizaba un estado de desconexión física y mental que ponía al organismo en reposo y permitía la utilización de la sugestión con fines terapéuticos.

### Ejercicios que ponen en reposo el espíritu y el cuerpo

Al proceder a numerosas sesiones de hipnosis, el profesor Schultz había observado, al igual que su maestro Oskar Vogt, que al comienzo de la inducción hipnótica los pacientes experimentaban con regularidad constante una serie de sensaciones corporales conducentes a ese estado de desconexión que constituye el estado hipnótico. Tuvo entonces la idea de hacer experimentar a priori a sus pacientes esas sensaciones corporales para ponerlos en un estado próximo a la hipnosis. Y se encontró con la agradable sorpresa de constatar que los resultados confirmaban sus previsiones. El principio del método de Schultz consiste, pues, en ejercicios fisiológicos racionales determinados (sensaciones de pesadez, calor, etc.), con el fin de poner en reposo al espíritu y al cuerpo. El método de Schultz es un método personal, «responsable», de entrenamiento a la autohipnosis, reduciendo al mínimo la sugestión provocada por un operador. Puede ser aplicado a una gran variedad de desórdenes físicos y psíquicos.

## LAS FASES DEL TRAINING AUTOGENO

En el training autógeno pueden distinguirse cuatro fases de aproximación terapéutica: el entrenamiento en los ejercicios estándar, las modificaciones autógenas, el entrenamiento en la meditación autógena y los métodos de neutralización autógena.

1. *El entrenamiento autógeno estándar,* más generalmente denominado ciclo inferior, comprende una serie de seis ejercicios, siendo los dos primeros los más importantes. Durante ellos se trata de hacer experimentar al paciente, de forma gradual, una serie de sensaciones corporales. El paciente es colocado en un ambiente tranquilo y en una posición adecuada, de manera que sus músculos se distiendan. Suelen aconsejarse tres posturas: la postura sentada sobre una silla (denominada también postura «de cochero de simón»), la postura tendida sobre un diván, con los brazos y piernas hacia el exterior, y la postura sentada en un sillón.
El paciente cerrará entonces los ojos y se concentrará mentalmente sobre una parte de su cuerpo primero y luego sobre todo su cuerpo, buscando allí la sensación de pesadez, por ejemplo. Una vez experimentada esta sensación, la formulará mentalmente, pensando por ejemplo: «Mi brazo o mi cuerpo es pesado, muy pesado», y así sucesivamente. Este ejercicio debe realizarse sin insistir si la sensación no es inmediatamente percibida, en la actitud mental de pasividad también

denominada «de concentración pasiva», y bajo la dirección de un médico experimentado, entrenado a su vez en el método de Schultz. La concentración pasiva se opone a la concentración activa, y significa que el sujeto acepta la idea de que el resultado perseguido no se obtendrá rápidamente, y que si no es bueno hoy lo será mañana u otro día. El paciente realizará este ejercicio a diario dos o tres veces, variando el tiempo que le consagra de tres minutos a una media hora al final del entrenamiento.

La consulta al médico servirá para controlar los progresos, estimular al sujeto y darle directrices para una mayor descontracción. Tras un período variable, de dos a seis meses, el paciente es capaz de sumergirse rápidamente en un estado de desconexión total, física y mental, algo así como un estado secundario situado entre la vigilia y el sueño: el estado autógeno. De aquí resulta una situación de bienestar físico y mental, cuyos efectos pueden prolongarse varias horas después del ejercicio. Cuando el paciente es capaz de ponerse en estado de relajación total, denominado también por Schultz «desconexión organísmica», se hace posible introducir ejercicios más específicamente vinculados a ciertos trastornos.

2. *Los métodos de modificaciones autógenas:* J. H. Schultz, en colaboración con Wolfgang Luthe•, añadió una serie más elaborada de ejercicios complementarios con fines terapéuticos, que denominó «modificaciones autógenas». Divide estos ejercicios de modificaciones autógenas en dos categorías: las fórmulas organoespecíficas (F.O.S.), que actúan fisiológicamente en una zona determinada, y las fórmulas intencionales

• Wolfgang Luthe, director científico del Instituto Oskar Vogt, en la universidad de Kyushu (Japón); profesor de terapia psicofisiológica en la facultad de medicina de la universidad de Kyushu; antiguo profesor de psicofisiología en la universidad de Montreal. Escribió la edición inglesa del *Training autógeno* en colaboración con Schultz, y ha publicado *Autogenic Therapy* (Nueva York y Londres, Grune and Stratton, 1970). Esta obra comprende seis volúmenes (el último data de 1973) y contiene más de 2.000 referencias bibliográficas.

(F.I.), que actúan más concretamente sobre las funciones psíquicas.

**Fórmulas que ejercen una acción terapéutica sobre lo físico o sobre lo psíquico**

*Las fórmulas organoespecíficas* refuerzan el efecto de los ejercicios estándar, que son la pesadez, el calor o también el enfriamiento de la frente, y se practican en combinación con éstos una vez que el paciente domina bien sus fórmulas de dichos ejercicios. Las fórmulas se buscan y practican de acuerdo con los datos suministrados a lo largo de las entrevistas mantenidas entre el relajado y el terapeuta. Hay que adaptar cada formulación a cada caso y paciente. Luthe presenta en su libro• un caso de rinitis espasmódica en que el paciente será invitado a formular: «Mi nariz está fría». En un caso de enuresis el paciente dirá, por ejemplo: «Mi vejiga está caliente».

• W. Luthe: *Autogenic Therapy* (Nueva York, Londres, Grune and Stratton, 1970).

*Las fórmulas intencionales* son fórmulas de autosugestión con fines psicoterápicos. Luthe distingue principalmente tres tipos: las fórmulas de neutralización, de refuerzo y de abstinencia.
— Las fórmulas de neutralización se utilizan más bien en los casos de ideas fijas u obsesivas. Un paciente obsesionado por la masturbación será inducido a formular: «La masturbación me es indiferente por completo».
— Las fórmulas de refuerzo tratan de reforzar una acción positiva, por ejemplo, el sueño. En este caso se invitará al sujeto a formular: «Tengo ganas de dormir».
— Las fórmulas de abstinencia son fórmulas intencionales destinadas a facilitar la abstención de una droga, del alcohol, del tabaco. Por ejemplo: «Sé que evito beber una simple gota de alcohol, siempre, en todas las circunstancias, en cualquier situación. Otros beben,

pero a mí no me gusta el alcohol». Existe toda una serie de fórmulas intencionales que se aplican en función del trastorno presentado.

3. *La meditación autógena,* más comúnmente denominada «ciclo superior», se practica una vez que el paciente domina bien los ejercicios estándar del training autógeno y es capaz de sumergirse rápidamente, casi instantáneamente, en el estado autógeno. Por lo general, esta meditación autógena sólo puede tener lugar tras dos años de dominio de los ejercicios estándar, y no puede hacerse sino en asociación con un relaxoterapeuta formado en la terapia psicoanalítica. Se trata de un método de meditación mental que permitirá progresivamente abordar los problemas existenciales básicos del individuo, convirtiéndose en una especie de psicoanálisis.
La meditación autógena comprende siete ejercicios de meditación; en el primero, el sujeto aprende a visualizar mentalmente los colores; en el segundo, a seleccionar mentalmente los colores deseados y a valorar su elección; durante el tercero visualizará objetos concretos y después objetos abstractos; el cuarto y quinto ejercicios consisten en experimentar la elección de una sensación; el sexto es la visualización de otras personas y, finalmente, en el séptimo —que Schultz denomina «las respuestas del inconsciente»— el sujeto toma conciencia de los diversos aspectos reprimidos de su intimidad.

Es fácil comprender que esta meditación sólo puede practicarse con la ayuda de un guía competente, conocedor a la vez de la meditación autógena y del psicoanálisis.

4. *El método de neutralización autógena* comprende la abreacción autógena y su verbalización autógena.
El método de abreacción autógena deriva de los estudios sobre el proceso de descargas automáticas que aparecen durante los ejercicios estándar. Luthe había advertido que, durante la práctica regular del training autógeno, algunos pacientes sumidos en el estado autógeno expresaban sensaciones distintas de las directamente vinculadas a los ejercicios estándar. Y así, ciertos pacientes describían sensaciones de picazón, cosquilleo de las extremidades, despersonalización sensibilidad exagerada y muchas más. Para Luthe estas sensaciones, llamadas descargas autógenas, son de hecho necesarias y permiten al cerebro descargarse de manera preventiva y curativa. Corresponden según él a una energía acumulada en el cerebro y que, almacenada durante demasiado tiempo, puede exteriorizarse en forma de síntomas o de trastornos funcionales. El estado autógeno permite a esa energía reabsorberse sin peligro. Luthe propone en tal caso al paciente que practique regularmente el training autógeno, que se ponga en estado autógeno mediante fórmulas estándar y la concentración pasiva, para adoptar luego lo que denomina actitud de la «carta blanca».
La actitud de la carta blanca consistirá en que el sujeto se desconecte mentalmente y se sitúe como espectador de sus propias sensaciones y de su propio cuerpo, sin directividad alguna. Luego se le pide al sujeto que describa lo que siente, lo que experimenta en ese estado autógeno.

Luthe distingue entre la abreacción autógena, en que el papel del terapeuta se limita a estudiar las resistencias, y la verbalización autógena, que intenta neutralizar las abreacciones autógenas más molestas. En la abreacción autógena el sujeto dice sentir picazón, por ejemplo (vinculado a un conflicto con su madre). En la verbalización se trata de establecer un nexo entre esas reacciones sensoriales y los conflictos profundos.

## LAS APLICACIONES

El training autógeno, método de entrenamiento personal en la relajación, puede ser utilizado a título preventivo, pero también y sobre todo en medicina psicosomática y, por supuesto, en psicoterapia. Este método ha sido empleado con éxito en los trastornos neurofuncionales, tales como las cefaleas (dolor de cabeza), palpitaciones, hipertensión, dismenorrea (reglas dolorosas), estados de angustia, insomnio, temblores, neuralgias, etc.

Se han obtenido excelentes resultados en ciertos casos de asma bronquial, de úlcera de estómago, de trastornos digestivos; igualmente en casos de tics, tartamudeo, calambres del escritor, miedo a presentarse en público. Finalmente, se han constatado éxitos en casos de impotencia masculina, de frigidez, de masturbación neurótica y de dolores de la región genital en la mujer. El training autógeno está indicado en muchas otras afecciones, y los ejemplos de aplicaciones prácticas beneficiosas son cada vez más abundantes. Por último, el training autógeno se ha utilizado como complemento del entrenamiento deportivo en la preparación a los juegos olímpicos; y, a nivel de empresas, como sustitutivo o coadyuvante de la gimnasia de descanso, con miras a la recuperación, a la distensión y, por consiguiente, a una mayor eficacia profesional.

## CONCLUSION

El método del training autógeno de J. H. Schultz es un método de entrenamiento personal en la autohipnosis, útil para el especialista y, naturalmente, para un buen número de pacientes, como acabamos de mostrar. Sin embargo, debemos señalar que para Luthe este método de entrenamiento sumerge al sujeto en un estado de desconexión organísmica próximo al estado hipnótico, pero no similar. Se trata, pues, de un método nacido de la hipnosis, pero no hipnótico. Sigue con todo abierto el debate, por cuanto resulta extremadamente difícil la objetivación de estos estados. El training autógeno exige un relaxoterapeuta experimentado, muy a menudo psicoterapeuta y médico. Aunque numerosos kinesiterapeutas y psicólogos utilizan este método, nosotros pensamos que sólo un médico formado en fisiología y psicología, e incluso en psicoanálisis, puede extraer de él todas sus posibilidades.

Curiosamente, este método ha sido empleado sobre todo en los países europeos, como Alemania y Francia, donde la hipnosis clásica se había abandonado. En los países anglosajones, más favorables a la hipnosis, ha tenido hasta ahora poco éxito; pese a que también en ellos nació un método que puede calificarse de antihipnótico: el método de relajación progresiva de Edmund Jacobson.

## LA RELAJACION DE EDMUND JACOBSON

El método de relajación de Edmund Jacobson coincide en el tiempo con el de J. H. Schultz•. Sin embargo, intenta distanciarse completamente de él, rechazando toda idea de sugestión y, por consiguiente, de hipnosis. Este método, que no quiere deber nada a las teorías psicoanalíticas, elige deliberadamente ceñirse a un nivel puramente fisiológico. Jacobson, no obstante, lo convierte en un verdadero método de psicofisiotera-

• Jacobson, profesor de fisiología en la Universidad de Chicago, se entrevistó con Schultz en 1936. Antes los dos desconocían recíprocamente sus trabajos.

pia•. En 1938 publica un primer libro titulado «La relajación progresiva», en el que explica sus ideas científicas; libro seguido de otro destinado al gran público: «You Must Relax»• («Usted debe relajarse»). En su última obra, «El tratamiento moderno de los pacientes en tensión», Jacobson escribe: «Los médicos tienen que habérselas con pacientes en tensión. Esto ocurre a menudo sin que se percaten de ello, dado que su atención se centra más en las quejas del paciente que en su comportamiento... Ahora bien, la mayoría de los pacientes tienen sus síntomas a causa de un estado de tensión excesiva, asociado o no a síntomas orgánicos»•. Luego habla del fracaso de los métodos sugestivos e hipnóticos, rechazándolos al igual que el método psicoanálitico. Para Jacobson, la dependencia del paciente no es deseable. Hay que hacer a este último responsable y no ofrecerle garantías de eficacia. Jacobson, como científico y racionalista, quiere enseñar al paciente a observarse y a cerciorarse de sus experiencias subjetivas por medio de medidas objetivas. Para ello fabrica un aparato, el electroneuromiómetro, que midiendo el grado de contracción muscular permite objetivar el grado de contracción o descontracción muscular del paciente.

• Método derivado de los trabajos de Jacobson el año 1908 en la universidad de Harvard sobre el tono muscular.

• E. Jacobson: *Progressive Relaxation* (Chicago, University of Chicago Press, 1929-1938). Este libro lleva como subtítulo: «Estudio fisiológico y clínico del tono muscular, su significación en psicología y en terapéutica».
E. Jacobson: *You Must Relax* (Nueva York, McGraw-Hill, 1957). Obra destinada al gran público, contrariamente a *Progressive Relaxation* y a *Modern Treatment of Tense Patients*, que son de uso profesional. En castellano se conocen de este autor: *Relajación para el parto sin dolor* (Buenos Aires, Fabril, 1961) y *Aprenda a relajarse; método práctico para reducir las tensiones de la vida moderna* (Buenos Aires, Fabril, 1961).

• E. Jacobson: *Modern Treatment of Tense Patients* (Springfield, Thomas, 1970).

### Una tensión muscular repetida lleva consigo una tensión psíquica innegable

Jacobson piensa que existe una relación entre las vivencias emocionales y el grado de tensión muscular. Gracias al electroneuromiómetro puede mostrar que el simple hecho de pensar que se va a actuar, produce automáticamente variaciones de tensión muscular en la esfera considerada. Así, la intención de hablar comporta contracciones musculares mínimas en la laringe y en los músculos faciales. Si a esta tensión de actividad se añade una emotividad fuerte creada por un

miedo incontrolado, la tensión crecerá en proporciones indeseables.
Son esas tensiones continuas y repetidas las que acaban causando numerosos trastornos psicosomáticos en los pacientes hipertensos, física y psíquicamente. Jacobson crea, pues, un método cuya finalidad es la reducción voluntaria del tono muscular en reposo: es el método de la relajación progresiva.
La relajación no consiste para Jacobson en aprender a dormir o a descansar, sino al contrario, en aprender a conducirse más eficazmente, a tener una mayor economía de energía para un mejor rendimiento. Jacobson propone al paciente llegar a un estado de relajación mediante la doble toma de conciencia:
— de la sensación provocada por una contracción muscular;
— de la sensación provocada por la distensión muscular.

El aprendizaje de la contracción y descontracción debe hacerse región por región, músculo por músculo, para llegar a una relajación completa y progresiva. Cada sesión dura alrededor de una hora, dividida en secuencias de varios minutos.

**»No se ponga en tensión para distenderse»**

Para Jacobson no hay ejercicios de relajación. Como él mismo dice: «no se ponga en tensión para distenderse». En vez de utilizar la palabra relajación, prefiere dar a sus pacientes la orden de no hacer nada, lo que a pesar de todo parece muy negativo.

He aquí un extracto de su último libro sobre el tratamiento moderno de los pacientes en tensión: «Elija una habitación tranquila, libre de cualquier intrusión y de llamadas telefónicas.

1. Acuéstese de espaldas, con los brazos a los costados, y mantenga los ojos abiertos durante tres o cuatro minutos.
2. Luego cierre gradualmente los ojos y consérvelos cerrados durante la hora de distensión.
3. Pasados tres o cuatro minutos con los ojos cerrados, eleve su mano hacia atrás extendiéndola y observe la sensación de tensión durante uno o dos minutos, advirtiendo cómo difiere en la muñeca, en los dedos y en el antebrazo.
4. No vuelva a hacer nada durante tres o cuatro minutos.
5. Eleve de nuevo la mano como anteriormente durante uno o dos minutos.
6. Permanezca nuevamente sin hacer nada durante tres o cuatro minutos.
7. Eleve a continuación su mano por tercera y última vez, observando la sensación de tensión durante uno o dos minutos.
8. Finalmente, permanezca sin hacer nada hasta que concluya la hora»•.

• E. Jacobson: *Modern Treatment of Tense Patients* (Springfield Thomas, 1970).

Jacobson divide este aprendizaje de la distensión del brazo en varios períodos, integrados por movimientos y tensiones diferentes, con toma de conciencia cada vez. Una vez entrenados los miembros superiores, el sujeto pasa a la distensión de los miembros inferiores, luego al aprendizaje de la distensión de los músculos del tronco, de los músculos de la nuca y, finalmente, de la región de la cabeza. Este aprendizaje se hace en posición tendida bajo el control del médico. Puede practicarse en cura prolongada o en cura abreviada.

Jacobson hace luego ejecutar estos ejercicios en posición sentada. Posteriormente les añade lo que denomina «método de relajación diferencial».

La relajación diferencial consiste en efectuar el mínimo de contracciones musculares indispensables para la ejecución de un acto, mientras todos los otros músculos que no sirven para realizar ese acto se hallan relajados.

Este aprendizaje de la relajación progresiva y luego de la relajación diferencial, va a prolongarse mediante una aplicación práctica de las técnicas de contracción-distensión a los actos de la vida corriente. Se empezará, por ejemplo, con ejercicios de articulación y verbalización en la distensión, para extender finalmente estos ejercicios a toda la vida diaria•.
El aprendizaje de estas distintas técnicas es largo; precisa dos o tres sesiones de una hora por semana, bajo control del relaxoterapeuta.

• Por ejemplo, al conducir, al escribir, etc.

Para responder «a nuestra civilización automatizada de tipo industrial», Jacobson ha elaborado un método abreviado de relajación progresiva y un método que denomina «de control operativo de sí mismo». Procediendo por analogía con el automóvil, declara que el sujeto es a la vez su propio vehículo y su propio conductor. Le va, pues, a enseñar, con este método, el control de la sensación más que la consciencia de la sensación: «Siento la tensión muscular de mi brazo, es dolorosa o no, puedo modificarla». A nuestro juicio, se trata más de matices que de un verdadero cambio, ya que los ejercicios son idénticos en los distintos métodos.

## LOS MEDIOS DE CONTROL

El relaxoterapeuta controlará en cada sesión el estado de distensión del sujeto mediante una verificación objetiva, vigilando la inmovilidad total de los dedos, de la cara o de los globos oculares, controlando si la respiración es regular y palpando el abdomen para darse cuenta de si está distendido. Efectuará también ejercicios de movilización pasiva de los miembros, a fin de ver si éstos se hallan completamente fláccidos•. Finalmente, podrá controlar los fenómenos vegetativos, como la lentificación del pulso o una disminución de la tensión arterial; la objetivación científica puede realizarse con ayuda del aparato preparado por Jacobson. En el plano de la verificación subjetiva, el sujeto describirá el estado en que se halla y declarará si siente una desaparición de las sensaciones de tensión.

• Los reflejos de la rótula, por ejemplo, deberán ser prácticamente nulos.

## CONCLUSION

Aquí se trata de un método de relajación puramente fisiológico y que rehúsa abordar la esfera psicológica en cuanto tal. De ahí que Durand de Bousingen clasifique este método de relajación entre los que denomina métodos analíticos y periféricos: analítico, porque la relajación se hace analizando sistemáticamente las sensaciones en cada músculo y en cada región del cuerpo; periférico, porque esta relajación se ocupa más bien de los músculos, es decir, más de la periferia que del cerebro, el centro.

La relajación de Jacobson enseña a reconocer las tensiones musculares resultantes de tensiones emocionales, y a relajarlas, es decir, a obtener un mejor control de sí mismo y de las propias tensiones musculares.
Para Jacobson esta forma de hacer se integra perfectamente en una verdadera psicoterapia, puesto que llega a la personalidad entera a través del músculo. El método de Jacobson se opone, pues, al de Schultz en su esencia, en su concepción y en su psicofisiología, pero acaso no tanto en su fin.

## LOS METODOS DERIVADOS

Durand de Bousingen clasifica los métodos de relajación en métodos globales de base psicoterápica, inspirados todos ellos en el training autógeno de Schultz, y en métodos fisioterápicos que, como su nombre indica, son más fisiológicos y se inspiran en el método de relajación de Jacobson. Nosotros preferimos hablar sencillamente de métodos inspirados en el training autógeno de Schultz y de métodos inspirados en la relajación de Jacobson, habida cuenta de que estos métodos se utilizan con finalidades muy distintas en función de la especialidad del usuario y de la prescripción médica y terapéutica hecha al paciente.

LOS METODOS DE RELAJACION

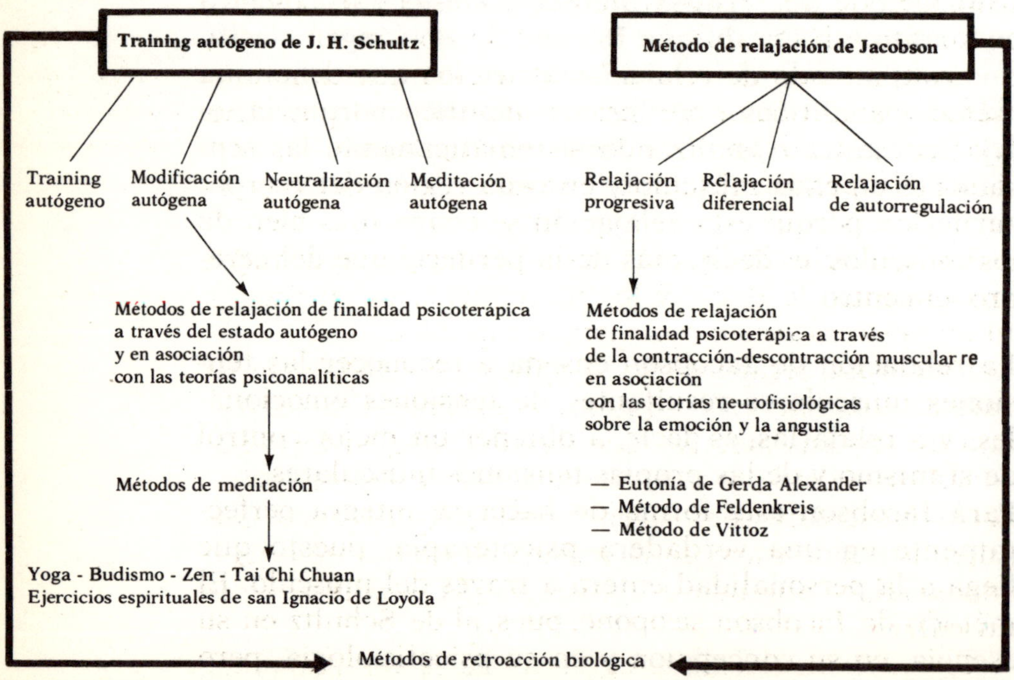

## LOS METODOS INSPIRADOS EN EL TRAINING AUTOGENO DE SCHULTZ

### 1. *El método de hipnosis activa graduada de Kretschmer y Langen* •

Este método, basado a la vez en el método de hipnosis fraccionada de Oskar Vogt, el training autógeno de Schultz y las técnicas del yoga, tiene como finalidad un trabajo de inspiración psicoanalótica.
La técnica de Oskar Vogt de hipnosis fraccionada, en la que se inspiró Schultz, consiste en una serie de hipnotizaciones breves que intentan provocar, a lo largo de una misma sesión, varios estados hipnóticos cada vez más profundos•.

Este método de hipnosis activa graduada se descompone en cuatro períodos:
— Un aprendizaje de la descontracción muscular mediante los ejercicios de representación concentrativa del training autógeno y, más particularmente, mediante el aprendizaje de los estadios de pesadez y calor.
— Un ejercicio de fijación visual como los realizados en la técnica de Braid y los hipnotizadores clásicos, a fin de llevar al sujeto a un estado hipnoide.
— Una frase terapéutica de aplicación en la que se trata de efectuar, en conexión con el terapeuta, un trabajo de análisis afectivo que desemboque en formulaciones específicas, y una reeducación de las perturbaciones musculares de origen psicológico. El sujeto adquiere así conciencia de la tensión muscular de origen emocional, y aprende a controlar sus perturbaciones musculares.
— Una desvinculación progresiva de la terapia y del terapeuta para llegar a un entrenamiento y a una

• E. Kretschmer: *Psychotherapeutische Studien* (Stuttgart, Thieme, 1949); «Hypnose activée fractionnée, en P. Aboulker y col.: *La relaxation, aspects théoriques et pratiques* (París, l'Expansion, 1971). Desde 1946 preconizó el método de hipnosis activa graduada, expuesto luego por D. Langen en 1961. Realizó investigaciónes sobre la tipología y el tono muscular;
D. Langen: «Indikationen zur stationären und ambulanten Psychotherapie», en E. Speer: *die Vorträge der III lindauer Psychotherapiewoche*, 1952.

• Oskar Vogt había observado que hipnotizando a los pacientes varias veces durante una misma sesión, cada período de hipnotización era más profundo.

práctica personal. Al fin se añaden ciertas técnicas de yoga.

2. *El método de regulación activa del tono de Stokvis*• En esta técnica, el relaxoterapeuta expone primero al paciente los mecanismos psicofisiológicos de la resonancia de las emociones o de la afectividad sobre el tono fisiológico corporal. Le demuestra que toda emoción provoca una resonancia corporal en forma de contracción muscular. Concretamente, Stokvis centra toda su terapéutica en el sentido de la responsabilidad del enfermo. Se trata, pues, de un entrenamiento totalmente individual, que ha de efectuarse en colaboración con un terapeuta especializado•.

Como en la técnica del training autógeno de Schultz, se empieza por ejercicios de sensaciones corporales, y especialmente por ejercicios de pesadez, pero con una actitud muy sugestiva por parte del terapeuta. Luego se los combina con los ejercicios de descontracción de Jacobson, a fin de obtener un efecto hipnoide.

• B. Stokvis: «Valeur de la relaxation pour la médecine psychosomatique» en *Psychothérapie*, 1956: «La régulation active du tonus musculaire envisagée comme thérapie de déconnection», en P. Aboulker y col.: *La relaxation* (París, l'Expansion, 1958); con S. Montserrat-Esteve y J. P. Guyonnaud: *Tratado de hipnosis: introducción a la sofrología* (Barcelona, Scientia, 1967).

• Debemos subrayar que este método era considerado por Stokvis —también psicoanalista— más como una terapéutica de urgencia que como una terapia habitual o profunda.

**Un método a la vez directivo y personalizado**

Las sesiones no deben superar los diez minutos o un cuarto de hora. La actitud del médico es muy directiva y, en expresión del propio Stokvis: «El médico será, pues, un padre severo, que recordará a su paciente, si éste no se halla suficientemente ejercitado, que él es el único juez de su tratamiento y, en consecuencia, responsable del mismo». Stokvis insiste también en la individualización más acusada y en la personalización del entrenamiento. De ahí que no exista un esquema demasiado clásico del método.

3. *El método de reeducación psicotónica de Ajuriaguerra*•

Se trata de un método cuyo nombre, «la reeducación psicotónica», le fue dado por J. G. Lemaire•, quien se

• J. de Ajuriaguerra, psicoanalista cuyos principales trabajos tienen por objeto al niño.
• J. G. Lemaire: *La relajación* (Madrid, Stvdivm, 1974).

inspira particularmente en las teorías psicoanalíticas y en la correlación existente entre el tono afectivo y el tono muscular.

Los autores de este método se han visto llevados a clasificar a los sujetos en seis tipos de organización, en función del tono corporal afectivo y psicológico. Analizan, como lo harían psicoanalistas, las resistencias a la relajación, y más concretamente a los ejercicios de pesadez y calor en diversas posturas. El terapeuta, que debe tener una formación analítica, interpreta las actitudes inspirándose en teorías freudianas. Se trata, pues, en realidad, de una psicoterapia de inspiración analítica, pero con base fisiológica.

4. *El método de relajación en sentido analítico de Sapir*

El psicoanalista francés Sapir y su equipo utilizan el entrenamiento clásico del training autógeno de J. H. Schultz, pero incorporándole toda la interpretación analítica dada a las sensaciones vividas y, en consecuencia, a todas las vivencias corporales y afectivas resultantes. Este método, que tiene sus analogías con el de Ajuriaguerra, se distancia de él en la medida en que utiliza de manera clásica el training autógeno de Schultz, siendo idéntica la interpretación analítica.

Se trata, una vez más, de una verdadera psicoterapia reservada especialmente a los trastornos psicodinámicos (como la neurosis de angustia). Los terapeutas deben, también aquí, hallarse formados en el análisis freudiano.

## LOS METODOS INSPIRADOS EN LA RELAJACION DE JACOBSON

### 1. *El método de relajación de R. Jarreau y J. Klotz*•

En este método el sujeto aprenderá primero la relajación muscular de una manera topográfica, es decir, región por región, en postura tendida o sentada. Realizado este aprendizaje, pasará a la relajación diferencial•. El sujeto aplicará en seguida a ciertas acciones de la vida corriente los ejercicios de descontracción aprendidos en las fases anteriores, por ejemplo, a distenderse cuando escribe. Tras una serie de aplicaciones prácticas, el sujeto aprenderá a relajarse en ciertos momentos favorables: durante las comidas o los desplazamientos.

• Método descrito en los *Cahiers de psychiatrie*, 1962, y en *La relaxation* (París, l'Expansion scientifique française, 1964).

• Ver relajación diferencial en la pág. 53.

Este método, que se inspira también en los ejercicios de tipo yoga, es actualmente muy utilizado. Se trata, a nuestro juicio, de una de las síntesis más interesantes de las técnicas actuales de relajación.

### 2. *El método de desensibilización sistemática de Wolpe*

Wolpe, psiquiatra anglosajón, es uno de los fundadores de la escuela comportamentalista anglosajona. Se interesó muy pronto por el método de relajación de Jacobson, pero la duración de éste (alrededor de doscientas sesiones) le pareció demasiado larga al comportamentalista que llevaba dentro, preocupado siempre por la rapidez del condicionamiento. Configuró, pues, la relajación progresiva de Jacobson en seis sesiones de veinte minutos ante el médico, debiendo el paciente practicar en su domicilio dos sesiones de quince minutos cada día.

En este método es el terapeuta quien dirige todo verbalmente durante la sesión, utilizando sugestiones directas e incluso el estado hipnótico para acelerar el proceso y reducir así el tiempo de entrenamiento. Wolpe, por otro lado, siente más interés hacia lo que provoca la angustia que hacia la angustia misma.
En el transcurso de las sesiones se habitúa poco a poco al sujeto ya entrenado en relajarse, a visionar mentalmente al estímulo que provoca su angustia. Al agoráfobo •, por ejemplo, se le propondrán cuando está relajado imágenes mentales cada vez más cercanas a escenas angustiosas de la vida: el paciente se ve saliendo a la calle del brazo de su mujer. Luego camina solo, siguiéndole su mujer a un paso, a dos, a diez, hasta que pueda avanzar sin necesidad de la presencia de aquélla.

• *Agorafobia:* miedo a los lugares públicos y a los espacios vacíos.

Dos psiquiatras americanos, Bernstein y Borkovec, han modificado igualmente la técnica de Jacobson, disminuyendo el número de las sesiones mediante reducción del grupo muscular sujeto a relajación.

3. *El training compensado de Aiginger*
Aquí se trata, realmente, de una verdadera educación o reeducación respiratoria, siendo considerada la respiración como una función neurovegetativa muy importante.

## LOS METODOS AUTONOMOS

Presentamos en este párrafo una serie de métodos que son específicos. Estén o no inspirados en los métodos de Schultz o de Jacobson, se distancian de ellos lo suficiente para tener una existencia autónoma.

## 1. *El método del movimiento pasivo de Wintrebert*•

El método del médico francés Wintrebert, especialmente adaptado a los niños, consiste en una serie de movilizaciones pasivas• que tienen por objeto la regulación del tono y una readaptación de los movimientos. Al niño se le enseña a ser consciente de sus miembros, de sus segmentos corporales, mostrándole de manera pasiva los movimientos que es capaz de ejecutar. Luego se le permite librarse de la directividad del terapeuta para llegar a una mayor consciencia de sus actitudes, de sus movimientos, de sus momentos de tensión y distensión y, en consecuencia, a un mejor control de sí mismo.

Wintrebert concede especial importancia al control, y por ende al contacto entre el terapeuta y su paciente. Se trata, en cierta manera, de una actitud maternal que permite una mejor maduración.

• H. Wintrebert: *Les mouvements passifs et la relaxation. Principe et effets d'une méthode particulière de rééducation psychomotrice* (Tesis, París, 1959).

• Por ejemplo, el terapeuta toma el brazo del niño y lo moviliza en todas las posiciones posibles.

## 2. *El método de entrenamiento psicotónico de Winter, Chabot y Vanek*•

Concebido especialmente como método de preparación a la competición deportiva, pero también como tratamiento de la fatiga, se basa sobre todo en la técnica del training autógeno de Schultz y en el aprendizaje:

— de la relajación de los músculos no necesarios para el movimiento (relajación selectiva);

— de los controles musculares localizados con relajación de ciertas esferas, por ejemplo, la visión y la fonación, como en la relajación diferencial de Jacobson.

Sigue una fase de hipnosis activa de fórmula autosugestiva. Este método, reservado a la práctica deportiva, exige a los relaxoterapeutas conocimientos a la vez médicos, psicológicos y deportivos.

• M. Vanek, E. Winter: *Fatigue et surmenage chez le sportif* (III Congreso internacional de medicina psicosomática, París, 1966); E. Winter: «Relaxation et rééducation musculaire» en *La Vie médicale*, 44, 1963; *Entrainement physique et maîtrise psychotonique* (I Congreso europeo de medicina deportiva, Praga, 1963).

3. *El método de Vittoz*•

Este método se interesa especialmente en lo consciente. Apela a las fuerzas positivas descuidadas o perdidas por el psiconeurótico, pero que eventualmente puede recuperar reeducando su control cerebral. Se trata, como escribe el doctor Duron, «de una síntesis de restauración que se interesa por la reconstrucción del enfermo mismo en su totalidad•».

Para realizar esta restauración, el paciente:

— efectuará ejercicios mentales que tienen por objeto devolver al cerebro hábitos sanos de funcionamiento;

— realizará a lo largo del día actos conscientes para instaurar el uso espontáneo de tales hábitos.

No se trata, hablando con propiedad, de un método de relajación; pero el método Vittoz ocupa un puesto importante entre las técnicas de control cerebral.

• Roger Vittoz, precursor de la medicina psicosomática, nació el año 1863 en Suiza. Obtenido el título de medicina en 1886, empieza a ejercer como médico internista antes de especializarse en el cuidado de los «nerviosos». En 1904 se establece definitivamente en Lausana, y muere en 1925.

• Dr. Duron: *Le docteur Vittoz et l'angoisse moderne* (París, Ed. du Levain, 1968).

## LOS METODOS DE RELAJACION NO MEDICOS

Estos métodos, muy interesantes en el plano de la metodología y de la técnica relajatoria, son llamados no médicos, porque se inspiran en técnicas no integradas en el sistema médico clásico, y porque sus autores no son médicos, a diferencia de los métodos anteriormente citados.

### *El método de eutonía y de relajación de Gerda Alexander*

El método de Gerda Alexander se aparta de las técnicas habituales de relajación en cuanto que es verdaderamente un método personal. Gerda Alexander es una reeducadora danesa, profesora de educación rítmica que, para crear su método de relajación, se inspiró sobre todo en el método de educación rítmica de Dalcroze.

En este método se busca el movimiento más natural posible o el más espontáneo. Se trata de un verdadero proceso pedagógico que, en un primer momento, utilizará la consciencia para observar la sensibilidad táctil y autoperceptiva (es decir, percepción del propio cuerpo). El sujeto es invitado a observar su cuerpo, es decir, su piel, su esqueleto, sus órganos, de manera pasiva o dinámica, y a observar «lo exterior a él» haciéndose consciente de la superficie del suelo, de los materiales, del espacio. Así debe conseguir, gracias juntamente al tacto y al contacto, la relajación entre los dos términos de una misma relación, él y «lo exterior a él». Una vez realizado este análisis a través del inventario más arriba indicado, el sujeto llega a una síntesis individual que le llevará progresivamente a cierta individualización. Se trata de que integre perfectamente su esquema corporal• (la imagen que tiene de su cuerpo) y su vivencia corporal tomando conciencia de su hipotonía o de su hipertonía, así como de las modificaciones que las tensiones y distensiones provocan en su personalidad. El entrenamiento de la eutonía (los movimientos se ejecutan evitando las tensiones y una relajación excesiva) de Gerda Alexander es un entrenamiento muy largo y que sólo puede realizarse con relaxoterapeutas competentes y especializados formados por la propia Gerda Alexander.

• Ver más adelante, p. 109.

Este método, que ahora empieza a ser bien conocido y cuyas aplicaciones prácticas son cada vez más numerosas, es a nuestro juicio un método muy rico y abocado a un futuro muy prometedor.

Entre los métodos no médicos citaremos también el método de Moshé Feldenkreis, cuyo principio consiste en hacer que el individuo tome conciencia de su propio cuerpo y de sus funciones, a fin de que se haga consciente de sí mismo, mental y físicamente, a través de una autoeducación•. El Tai Chi Chuan, denominado también por Dominique de Wespin «relajación, serenidad y equilibrio», es un método nacido de la medicina china•.

• M. Feldenkreis: *La conscience du corps* (París, Laffont, 1971).

• D. de Wespin: *Relaxation, sécurité, équilibre, sur les traces du Tai Chi Chuan* (Verviers, Marabout, 1975).

Mencionemos finalmente las técnicas de respiración, movimiento y sensación utilizadas por A. Lowen en bioenergética•, de inspiración reichiana•, y las técnicas de relajación utilizadas en el yoga, relajación física y relajación mental.

• *bioenergética:* método terapéutico que trata de establecer la circulación de la energía en el cuerpo reduciendo las tensiones y los bloqueos inscritos en el organismo como secuela de experiencias traumatizantes.

• Wilhelm Reich, médico, psicoanalista, político, filósofo e investigador infatigable. Nació el año 1897 en Galitzia (Austria). Trabaja y milita en Alemania y Noruega, y luego en Estados Unidos, donde muere en la cárcel el año 1958. Es el inventor de la vegetoterapia (origen de la bioenergética). Para Reich, el origen de las neurosis se halla en la falta de satisfacción sexual. Es autor de *La función del orgasmo* (Buenos Aires, Paidós, 1962), *Análisis del carácter* (Buenos Aires, Paidós, 1965) y *La irrupción de la moral sexual* (París, Payot, 1974), entre otros.

## LA MEDITACION

Tenemos que citar aparte la meditación, cuyos orígenes se hallan en las religiones orientales, yoga, budismo, zen, pero también en ciertas prácticas religiosas como los ejercicios de san Ignacio de Loyola.
Estas técnicas de meditación fueron recogidas por el cuerpo médico, que las transformó con el fin de poderlas aplicar a la clínica. Varios investigadores se dieron cuenta de las posibilidades excepcionales que ofrecían en el plano de la toma de conciencia, del control cerebral y de la recuperación del equilibrio psicofisiológico.
Los trabajos clínicos sobre las técnicas de meditación se deben sobre todo a investigadores alemanes y anglosajones.

### En el plano de los resultados, la meditación puede rivalizar con la relajación

Actualmente, la meditación trascendental• es objeto de numerosas investigaciones psicofisiológicas en Estados Unidos. Las técnicas de meditación proporcionarían, en el plano objetivo, las mismas ventajas que las técnicas de relajación: lentificación del pulso, disminución de la tensión arterial, alargamiento de los

• *Meditación trascendental:* movimiento de ensanchamiento de la consciencia y de despertar espiritual de alcance mundial.

tiempos respiratorios; y, en un plano más subjetivo, un aumento de las posibilidades existenciales de la toma de conciencia.

Ya hemos hablado de las técnicas de meditación en el training autógeno de Schultz; pero tenemos que añadir otras técnicas, como la desarrollada por Karl Happich, la de Walter Frederking denominada también «relajación profunda y simbolismo», la de Friedrich Mauz y, finalmente, desde luego, la meditación trascendental. Estas técnicas utilizan todas ellas la relajación como substrato psicofisiológico para llegar a estados de éxtasis y toma de conciencia con ensanchamiento del campo consciente. Las técnicas de meditación han influido notablemente, como vamos a ver, en el pensamiento de Caycedo.

LA RETROACCION BIOLOGICA

La retroacción biológica, o bio-feedback, nació de los trabajos de toda una serie de investigadores americanos interesados por el estudio de los llamados estados alterados de la consciencia, y cuyo principal investigador es Charles T. Tart•. Para B. P. Green: «Todo cambio de estado fisiológico va acompañado de un cambio apropiado del estado mental emocional consciente o inconsciente; y, de modo similar, toda variación de estado mental emocional va acompañada de variaciones fisiológicas»•. Este principio consiste en aprender a modificar voluntariamente los propios estados mentales y físicos. En estas técnicas de retroacción biológica se trata de acelerar el aprendizaje de los métodos de relajación reforzándolo con el conocimiento inmediato del propio estado. El sujeto se halla conectado a un electroencefalógrafo que, a partir de las ondas cerebrales emitidas, le indica si se encuentra o no en estado

• C. T. Tart: *Altered States of Consciousness* (Nueva York, John Willey and Sons, 1969).

• Citado por C. T. Tart.

de relajación. Este conocimiento le sirve de estimulante en el aprendizaje y de refuerzo.
Así se ha podido mostrar que los sujetos entrenados aprendían mucho más rápidamente, no sólo a sumergirse en un estado profundo de relajación, sino también a controlar sus estados de relajación. Las técnicas utilizadas son principalmente las de Schultz, Jacobson y la meditación trascendental.
Los aparatos que se usan como indicadores son, generalmente, el electroencefalógrafo y el reflejo psicogalvánico, que mide la resistencia eléctrica de la piel y sus variaciones en función del grado emocional del individuo. Estas técnicas se hallan aún en fase experimental, y los trabajos de la electroencefalografía plantean actualmente tales problemas que es prematuro divulgar su práctica.

Personalmente utilizamos un sistema de retroacción biológica a partir de un aparato electromiográfico, que permite medir el grado de concentración muscular y, sobre todo, la relajación subsiguiente a esa contracción. La variación de estas medidas puede seguirse a la vez leyendo en una pantalla o escuchando con auriculares un sonido que varía en función del grado de relajación. Nosotros experimentamos este aparato para ver si existen correlaciones entre el grado de contracción muscular y el estado emocional, pero esta correlación no siempre se da. Parece que es mucho más compleja de establecer, por lo que pensamos que esos controles de retroacción biológica deben continuar realizándose en el plano experimental, y que conviene moderar la comercialización de los aparatos actualmente llevada a cabo de manera abusiva en Estados Unidos.

## LAS APLICACIONES

Los campos de aplicación de los métodos de relajación son, de hecho, los mismos que los de la hipnosis: de la medicina general a la psiquiatría, pasando por la medicina psicosomática.

Los terapeutas utilizan estos métodos de manera muy distinta en función de su especialización y de lo que pretenden lograr con los pacientes. Si al principio estaban especialmente reservados a la psiquiatría, y más en concreto a la psicoterapia, ahora se utilizan en medicina psicosomática y hasta en medicina general, principalmente en kinesiterapia (aunque sin negarles su alcance psicoterápido).

Dichos métodos pueden emplearse a la vez a título preventivo o curativo, y no han de olvidarse las aplicaciones que de ellos se hacen en campos paramédicos, e incluso extramédicos, en las empresas y en psicología deportiva•. Sin embargo, debemos insistir en que estos métodos de relajación precisan un relaxoterapeuta competente, entrenado a su vez de manera didáctica en los distintos métodos.

• El método del training autógeno se ha utilizado concretamente, como advierte Durand de Bousingen, en la sociedad Renault, en la Telemecánica, eléctrica, en la Compañía electromecánica y en Rhône-Poulenc. Wintrebert utilizó estas técnicas para el entrenamiento de los deportistas olímpicos.

## HIPNOSIS Y RELAJACION

La hipnosis, como hemos visto, lleva al sujeto, mediante un entrenamiento inducido de manera muy directiva por el terapeuta, a sumergirse en un estado situado entre la vigilia y el sueño. Este estado, calificado de sueño hipnótico, permite al hipnotizador sugestionar a su paciente para llevarle a actuar con fines terapéuticos.

En cuanto a la relajación, es un método de entrenamiento personal, generalmente muy poco sugestivo y autoinducido.

En su conjunto, los objetivos y las aplicaciones de la hipnosis y de los métodos de relajación son idénticos aunque el método sea distinto.
Los métodos de relajación responden a una concepción mucho menos paternalista y mucho menos directiva que la hipnosis. Conviene advertir que la técnica de Jacobson, que podría calificarse de antihipnótica, surgió precisamente en los países anglosajones, donde la hipnosis sigue siendo aplicada; mientras que el método de relajación del training autógeno de Schultz, método de autohipnosis, era utilizado sobre todo en países donde se rechazaba culturalmente la hipnosis, de manera especial en Francia. Esta paradoja llevó probablemente al profesor Alfonso Caycedo a realizar una síntesis pragmática teórica y conceptual de los métodos de hipnosis y relajación.

# ¿Qué es la sofrología?

»La sofrología es una ciencia, o mejor, una escuela científica que estudia la consciencia, sus modificaciones y los medios físicos, químicos o psicológicos susceptibles de modificarla, con una finalidad terapéutica, profiláctica o pedagógica, en medicina». Esta definición, dada por su fundador el profesor A. Caycedo, va incluida en gran parte en la palabra misma, que toma sus raíces etimológicas del griego antiguo:

«sos» puede traducirse por armonía,
«phren» quiere decir consciencia, espíritu,
«logos» es el estudio.

El estudio de la armonía de la consciencia: todo un programa; pero cabe preguntarse cómo llegó Caycedo a la creación de una nueva ciencia y de una terminología original. Alfonso Caycedo, que fue alumno del profesor López Ibor•, decidió en 1958 romper con la hipnosis y cambiar toda la terminología con ella relacionada, a fin de liberarse de todo compromiso histórico•.

No tardó en darse cuenta de que no basta modificar la terminología. Entonces se interesó por los métodos de relajación, sobre todo por el training autógeno de Schultz, de técnicas más suaves, más psicológicas.

Siendo en Suiza asistente de Ludwig Binswanger, se siente atraído por la fenomenología. Pero esta última es un método de trabajo, una forma de razonar, y no una terapia. Caycedo

• Ver pág. 13.

• Por esta razón se encuentran aún hoy ciertos términos como *sofrosis* (ver Chertok) y algunos terapeutas fieles a esa época (hipnosofrólogos).

se encamina entonces al Oriente con el fin de estudiar los estados de consciencia trascendentales de los místicos chinos, hindúes, tibetanos y japoneses. De regreso en Europa, tratará de integrar todos estos métodos en lo que puede llamarse su síntesis original.

## ¿Qué es la fenomenología?

Hasta Husserl (1859-1938) se conocía sobre todo la actitud cartesiana que, de manera muy esquemática, puede resumirse en tres puntos:
— la puesta en duda metódica de las cosas,
— la negación sistemática de las cosas,
— la evidencia que lleva a la conclusión: «Cogito ergo sum» (pienso, luego existo).
Husserl elabora el método de reducción fenomenológica, basado en los cinco principios siguientes:
— la vuelta a las cosas mismas (se retorna al fenómeno),
— la suspensión del juicio,
— la puesta entre paréntesis del fenómeno,
— la captación pluridimensional o universalidad de las cosas (cada fenómeno es a la vez pluridimensional y universal),
— la intuición de esencia o de sentido (la aprehensión instintiva de la existencia de las cosas sin haber recurrido a la reflexión).
La reducción fenomenológica no es la fórmula de una filosofía abstracta (idealista), sino la de una búsqueda concreta (existencial).
En fenomenología, pues, se vuelve al fenómeno suspendiendo todo juicio, se pone «al fenómeno entre paréntesis» captando su pluridimensionalidad. Se suprimen todos los a priori para comenzar sobre bases nuevas.

Caycedo adopta el método fenomenológico, lo profundiza y crea su propia visión de la sofrología basada en:
— el retorno al fenómeno,
— la suspensión del juicio,
— la puesta entre paréntesis del fenómeno,
— el estudio de la historicidad y de la realidad del fenómeno mismo.
— la verificación sistemática, que comprende la captación de la universalidad y la experimentación objetiva según los criterios de Claude Bernard.

*Ejemplo.* Numerosas personas que utilizan un método de relajación, cualquiera que sea, sienten picores, sobre todo en la parte exterior de las manos. En vez de querer explicar inmediatamente este fenómeno a través de deducciones de orden fisiológico, como la dilatación de los vasos de la piel, la hiperoxigenación a nivel de las terminaciones nerviosas, etc., Caycedo volverá al mismo fenómeno, para estudiarlo de una manera sistemática en todas sus dimensiones: toma en cuenta la fisiología, la filosofía, la personalidad del sujeto y todos los factores susceptibles de influir en el fenómeno. Exige que el juicio no se emita hasta que la verificación sistemática haya probado la veracidad del fenómeno, es decir, hasta que mil personas al menos hayan sentido ese fenómeno y se haya procedido a su estudio objetivo (científico, estadístico, etc.). Entonces será posible formular un juicio: los picores se deben a la relajación.

## Caycedo hace tabla rasa de los a priori y abandona la antigua terminología

Con esta nueva aproximación fenomenológica, Caycedo suprime los a priori y toda la antigua terminología, plagada de compromisos, para reestudiar el fenómeno tal como es en su esencia. De ahí que cuando se tiene en cuenta la dimensión concerniente a la relación entre el sofronizador y el sofronizado, Caycedo no habla ya de transferencia, término que pertenece al lenguaje psicoanalítico•, ni de relación de dominante a dominado, que es una noción de psicología experimental, sino que crea el término de alianza. Constata simplemente que hay dos individuos temporalmente aliados; no intenta explicar a priori esta alianza o juzgarla.

• Sin negar no obstante la transferencia psicoanalítica.

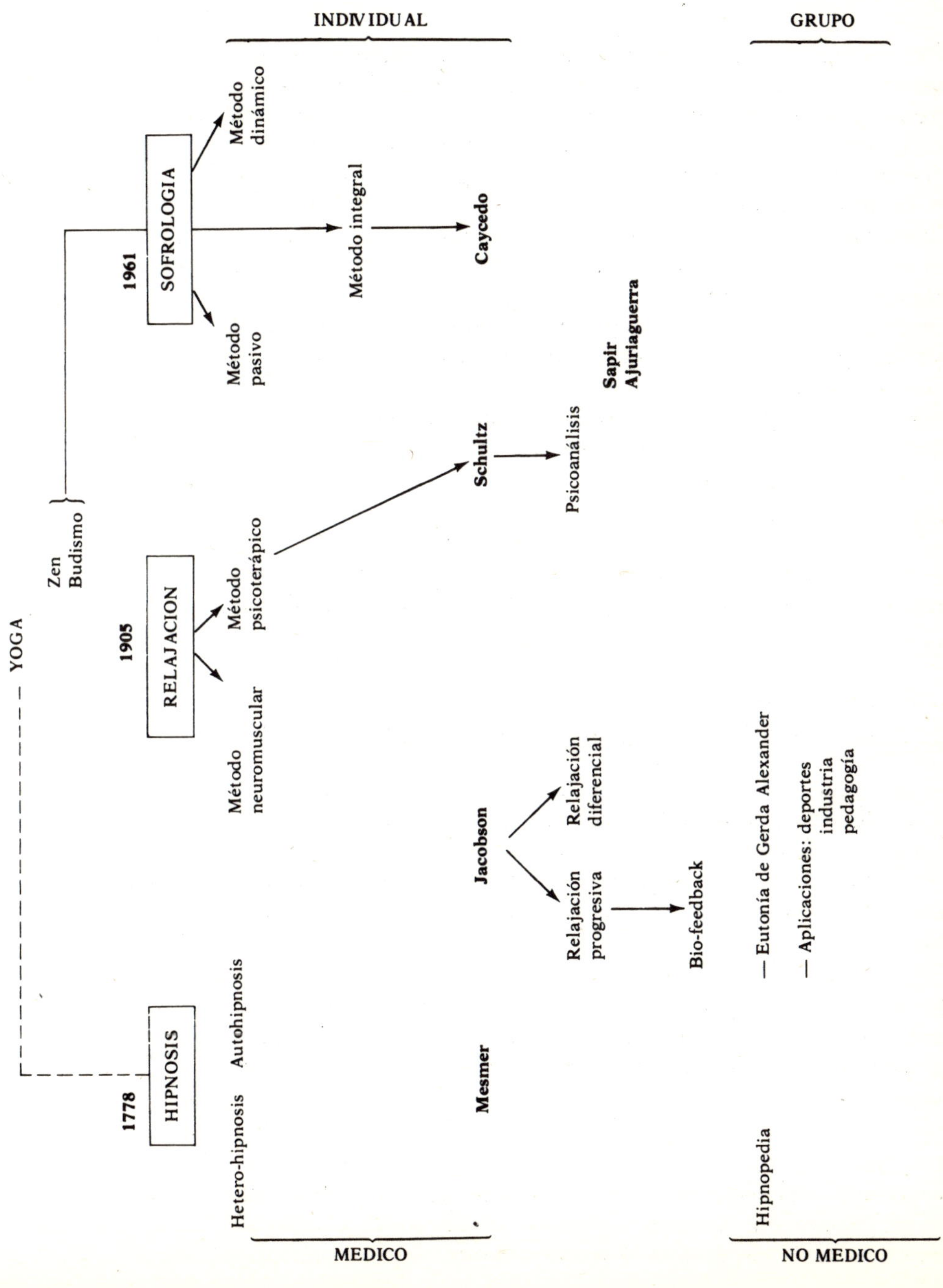
INDIVIDUAL
GRUPO
YOGA
Zen
Budismo
1778
HIPNOSIS
1905
RELAJACION
1961
SOFROLOGIA
Hetero-hipnosis
Autohipnosis
Método neuromuscular
Método psicoterápico
Método pasivo
Método integral
Método dinámico
Mesmer
Jacobson
Schultz
Caycedo
Relajación progresiva
Relajación diferencial
Psicoanálisis
Sapir
Ajuriaguerra
Bio-feedback
Hipnopedia
— Eutonía de Gerda Alexander
— Aplicaciones: deportes
industria
pedagogía
MEDICO
NO MEDICO

Otro ejemplo de este cambio de actitud: al término de una sesión de hipnosis se «despierta» al sujeto, con lo que se sobrentiende que estaba en estado de sueño; en relajación se habla de recuperación muscular; en sofrología se utiliza el término de desofronización, sin otro significado que «salir de la sofronización».
En sofrología no se niega nada, no se rechazan las teorías de ninguna escuela, pero tampoco se admite ninguna sin verificación.
En esta nueva perspectiva Caycedo propone como base de partida un nuevo estudio de la consciencia, una hipótesis de trabajo que divide la consciencia en estados y niveles.
Los estados designan los aspectos cualitativos de la consciencia, y los niveles los aspectos cuantitativos.

Encontramos, pues, en esta hipótesis:
— tres estados: ordinario, patológico y sofrónico;
— tres niveles: vigilia, sueño y entre ambos el nivel sofroliminal o frontera entre la vigilia y el sueño que todos franqueamos al dormirnos y despertarnos.

LOS PRINCIPIOS ELABORADOS POR CAYCEDO

1. Existencialmente el ser humano tiene tres posibilidades fundamentales:
— permanecer toda su vida en la consciencia ordinaria;
— evolucionar peligrosamente e instalarse en la consciencia patológica de forma transitoria o definitiva•;
— conquistar progresivamente la consciencia sofrónica para mantenerse en ella de forma igualmente transitoria o permanente•.

2. El principio de acción positiva es el nombre dado en sofrología al hecho de que toda acción positiva dirigida hacia la consciencia repercuta positivamente sobre todo elemento psíquico•.

3. Cuando el sofrólogo recibe su formación, se insiste ante todo en la necesidad que el experto tiene de captar el estado de su propia consciencia, y luego de captar el estado de consciencia de la persona (o personas) que entrena mediante

• Aún se podría subdividir esta consciencia patológica en diferentes subestados, que van de la pequeña neurosis a la patología grave y las psicosis.

• Como los monjes contemplativos, los artistas o también los científicos en estado de gracia y de descubrimiento.

• Este principio de acción positiva, afirmado por Caycedo puede admitirse o no, pero es uno de los principios fundamentales de la sofrología.

procedimientos sofrónicos y, finalmente, del papel que desempeña frente al enfermo: es el principio de realidad objetiva, elemento muy importante en toda alianza sofrónica.

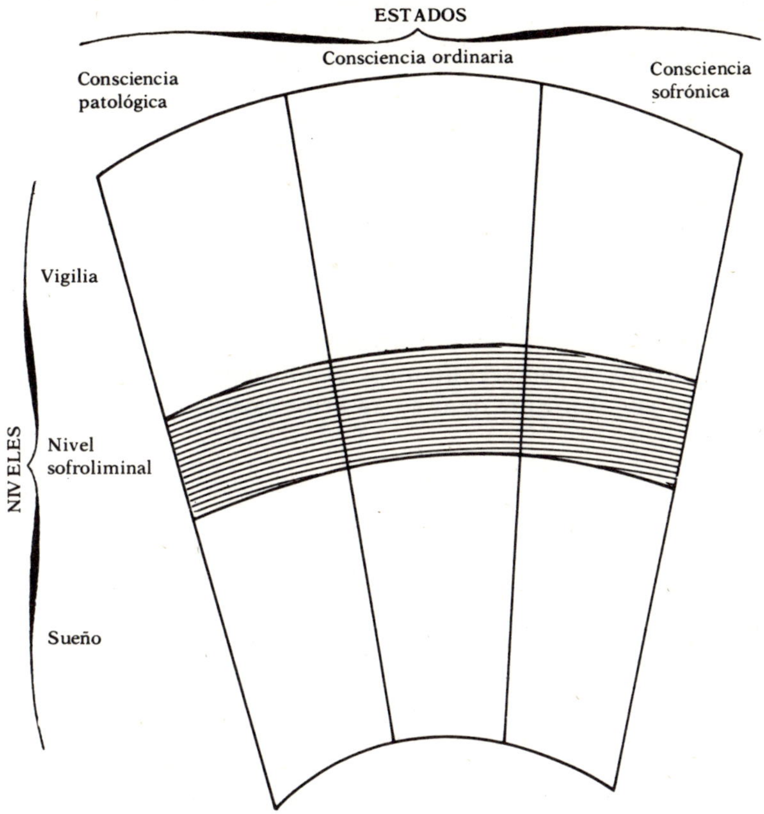


4. Alianza sofrónica, como hemos visto, es el término utilizado para designar la especial relación que existe entre el sofrólogo y el sujeto en terapia, en pedagogía o en profilaxis. Durante esta alianza el sofrólogo tratará de ser lo menos directivo posible, de explicar y enseñar los métodos que el sujeto aplicará por propia iniciativa.

5. El principio del esquema corporal, finalmente, como realidad vivida, designa el hecho de que el esquema corporal se integra progresivamente en la consciencia, reforzando las estructuras fundamentales de ésta y aumentando su campo•.

• Ver pág. 109.

### La sofrología no se reduce a una terapéutica

El doctor Rager• dice de la sofrología que es a la vez una ciencia, una filosofía, una terapéutica y un arte. Esta extensión de la definición de Caycedo es interesante, porque subraya las posibilidades de la sofrología en diversos campos. Rager afirma con ello que la armonización de la persona humana es una noción filosófica y no sólo una noción terapéutica. Armonía que, a su vez, constituye la mayor expresión del arte.

• G. R. Rager, sofrólogo bordelés, especialista en cardiología: *Hipnosis, sofrología y medicina* (Barcelona, Scientia, 1973).

El entrenamiento sofrológico responde, de hecho, al famoso «Conócete a ti mismo» inscrito en el frontispicio de Delfos, siendo el resultado una autodeterminación conducente a la asunción del sujeto por sí mismo de manera armoniosa.

## LA SOFRONIZACION

La sofronización es un proceso que tiende a modificar los niveles de consciencia con intención sofrológica. Este proceso puede ser autoproducido, cuando es dirigido por uno mismo, o heteroproducido, cuando lo dirige un sofrólogo.
La sofronización, cuando es dirigida por el sofrólogo, se hace con ayuda del Terpnos Logos. Este nombre de origen griego designa la forma verbal basada en la persuasión, el tono armónico, la voz dulce y monocorde con los que el sofrólogo dirige la sofronización. El Terpnos Logos exige la aceptación racional de la persona sofronizada.

El Terpnos Logos ayuda al sofrólogo a dirigir el proceso de sofronización, que tiene por fin ayudar al sujeto a descender del nivel de vigilancia normal al nivel sofroliminal; proceso

## ¿De dónde nos viene el Terpnos Logos?

El término Terpnos Logos se encuentra en el siglo IX antes de Cristo, en Homero, cuando habla del epodo (palabras de finalidad terapéutica), que puede dividirse en tres partes: las palabras mágicas, las palabras mitológicas y, por último, el Terpnos Logos, ya cantado (Odisea), ya hablado. Pero es Platón quien, en su diálogo entre Sócrates y el joven Cármides, sienta las primeras bases de una auténtica psicoterapia verbal. En este diálogo, Sócrates acepta curar al joven de un fuerte dolor de cabeza gracias a cierta planta a la que hay que añadir un epodo o encantamiento. Decía Sócrates haber recibido este tratamiento de un médico de Tracia, quien a su vez contaba que Zalmoxis, su rey, afirmaba que no se pueden curar los ojos independientemente de la cabeza, ni la cabeza independientemente de los ojos, y que tampoco se puede curar la cabeza independientemente del alma. En efecto, el alma es la fuente de donde manan, para el cuerpo y para el hombre entero, todos los males y todos los bienes. Por tanto, es el alma lo primero que hay que sanar, si se quiere que la cabeza y todo el cuerpo gocen de entera salud. Ahora bien, el alma se cura gracias a los encantamientos.

Platón explica cómo el Terpnos Logos, palabra suave y monótona, monocorde, también llamado Terpnos Calos, actúa sobre el timo, estado psicosomático, engendrando el estado sofrosine, «estado de calma, de suprema concentración del espíritu, producido por palabras hermosas».

En Epidauro, en el Peloponeso, se encuentran vestigios de estas prácticas. En el santuario de Asclepios (Esculapio), existen las ruinas de un hospital donde los enfermos eran cuidados por espacio de cuarenta días. Uno de los tratamientos (sin contar los baños en la piscina termal) consistía en colocar a los enfermos en el thollos (especie de rotonda), donde, durante su «sueño», los sacerdotes médicos venían a murmurarles, a través de orificios practicados en las paredes, exactamente encima de sus cabezas, fórmulas sugestivas de curación.

por lo demás absolutamente natural y de todos conocido. ¿Quién no ha dormitado durante la siesta, por ejemplo, cuando las imágenes parecen flotar suavemente, o quién no ha intentado autosugestionarse cuando un pensamiento desagradable ha venido a turbar la inquietud interior?

En «Lettres de mon moulin», de Alphonse Daudet, se halla un pasaje que podría servir para describir lo que es, de hecho, el nivel sofroliminal: «Usted conoce, ¿no es cierto?, esa bella embriaguez del alma. Uno no piensa, ni tampoco sueña. Todo el ser se nos escapa, se desvanece, se derrama. Somos la gaviota que se zambulle, el polvo de espuma que flota al sol entre dos olas, la humareda blanca de ese paquebote que se aleja, ese pequeño coralero de vela roja, esa perla de agua, ese copo de bruma, todo excepto nosotros mismos. ¡Ah, cuántas de estas bellas horas de semisueño y dispersión he pasado en mi isla!•».

• A. Daudet: *Cartas desde mi molino*, «El faro de los sanguinarios» (Madrid, Espasa, Col. Austral).

A este nivel sofroliminal se van a dinamizar y utilizar los fenómenos que la sofrología y la fenomenología han puesto singularmente de relieve:

1. *Los fenómenos sofromnésicos.* Este término se utiliza para describir ciertos fenómenos concretos, observados en la memoria de algunos sujetos en estado sofrónico, como:

— la hipermnesia sofrónica, o aumento excepcional de la capacidad de memorización en el sujeto sofronizado, que le hace recordar con claridad y precisión sorprendentes ciertos episodios olvidados •. Este fenómeno es el que se utiliza para el aprendizaje de las lenguas extranjeras;

— la sofro-oniria, o capacidad de producción onírica en estado sofrónico, que puede ser vivida de una manera excepcional, espontáneamente o bajo la dirección de un sofrólogo.

• No hay en cambio amnesia postsofrónica. La mayoría de los autores que se han ocupado de la hipnosis afirman de ordinario la existencia de la amnesia poshipnótica. La escuela sofrológica descarta esta afirmación, porque no se ha detectado ningún caso de verdadera amnesia durante la sofronización, ni siquiera durante la hipnosis.

2. *La sofroplasticidad imaginativa.* Este nombre ha sido dado por Caycedo al fenómeno que lleva a ciertas personas a ver cómo su imaginación se desarrolla de forma excepcional durante la sofronización. Caben dos posibilidades: la sofroestimulación imaginativa simple, y el desarrollo de una sofroproductividad fantástica que puede ir hasta la aparición de alucinaciones•.

• Este fenómeno empieza a utilizarse en las curas de desintoxicación con los drogadictos.

3. *La sofrolabilidad sensoperceptiva.* Es un fenómeno frecuente durante la sofronización, que se caracteriza por la cualidad de activar, inhibir o cambiar ciertas sensaciones y percepciones concernientes al mundo exterior o al mundo interior. Esta cualidad se utiliza en numerosas técnicas sofrónicas, como la sofrosustitución sensorial•, que es la técnica de base para obtener la analgesia en el arte dentario o en obstetricia, o también la sofrocorrección en serie utilizada en los métodos de descondicionamiento a las fobias•.

• Ver pág. 145.

• La terapia consistirá en hacer visualizar al paciente escenas en relación con su angustia, y que le llevarán poco a poco a verse realizando el gesto que le inquieta. Así es como una persona que tiene miedo al avión se verá primero (en estado sofrónico) abandonar su domicilio, tomar un taxi, llegar al aeropuerto, pasar el control, subir la pasarela, instalarse en una butaca, etc.

4. *La sofroatención.* Durante la sofronización, el fenómeno de la atención puede tomar cuatro direcciones fundamentales:
— la atención focal o atención a un punto concreto,
— la atención difusa,
— la activación de la atención en relación con el mundo interior,
— la activación de la atención en relación con el mundo exterior.

Esta cualidad de modificación de la atención se halla en la base de numerosos métodos sofrónicos, como la relajación dinámica utilizada en sofropedagogía deportiva•, o como ciertas técnicas llamadas de focalización (Pérez Sloker), que intentan activar de modo selectivo ciertos órganos, glándulas o sistemas con fines terapéuticos•.

• Ver pág. 193.

• Así, un paciente que sufre de un mal funcionamiento de la vesícula biliar será llevado a concentrar su atención en la vesícula.

5. *La vivencia de la realidad*• puede ser experimentada por ciertas personas en estado sofrónico de forma especial: en cierto momento la consciencia se hace menos reflexiva y más perceptiva, como si las fronteras psicosomáticas se borrasen progresivamente, favoreciendo así una percepción especial cuya resonancia es vivida simultáneamente tanto en el plano psicológico como físico.

• Es decir, que esperamos en todo momento lo que va a ocurrir.

6. *El fenómeno de expectativa*•, en el que nos hallamos a cada instante, permite al sofrólogo o al sofronizado introducir elementos positivos que dinamizarán las sensaciones futuras. Este fenómeno es utilizado en el método de sofroaceptación progresiva•.

• Se trata de pedir al paciente que se represente imágenes reales de su vida diaria: debe verse en su casa mirando la televisión, tomando el desayuno en la cocina, etc.

• Ver pág. 139.

7. *La integración de la actividad consciente*•. El dinamismo extraordinario de las estructuras y de las facultades, que se movilizan durante la experiencia sofrónica, abre a la persona un abanico de posibilidades aún no bien conocidas, que le permitirán ante todo un reforzamiento de la integración de sus actividades conscientes.

• Es lo contrario de la distracción, durante la cual la actividad consciente no está integrada.

8. *El fenómeno de la sugestionabilidad.* Este fenómeno, tan desacreditado pero tan evidente, sólo se emplea muy raramente durante la sofronización, que pretende ser más bien persuasiva (y en todos los casos con intencionalidad terapéutica), a diferencia de la hipnosis, que hace de él la base de su práctica.

9. *El condicionamiento.* Es otro fenómeno muy importante para el aprendizaje de las técnicas, para su rápida utilización, y también para remplazar por un condicionamiento voluntario y positivo ciertos condicionamientos negativos involuntariamente adquiridos.
Conviene advertir finalmente que durante la sofronización la conciencia moral no se ve modificada, que la comunicación verbal es mantenida y que la relación característica de la alianza sofrónica se ve progresivamente reforzada.

## LAS BASES DE LA SOFRONIZACION

La sofrología, como hemos visto, estudia las modificaciones de los estados y de los niveles de consciencia. La sofronización es un proceso que lleva a la modificación de esos niveles de consciencia humana, a fin de obtener la producción de aquellos estados especiales conocidos bajo el nombre de estados sofrónicos.
Puncernau, sofrólogo español, ha escrito que los cambios en los estados de consciencia deberían estudiarse bajo dos vertientes, la vertiente psíquica y la vertiente neurológica; negar lo uno o lo otro abriría el camino a la especulación•.
Nuestro psiquismo tiene una base orgánica y una base neurológica. Si es cierto, como ha escrito Paul Chauchard, que el cerebro no es la consciencia y que ésta no es el cerebro, es igualmente cierto que el soporte principal de la consciencia es el cerebro con todas sus estructuras jerarquizadas•.

• Ver Puncernau, en A. Caycedo: *Progresos en sofrología* (Barcelona, Emegé, 1969).

• Más adelante describiremos el soporte orgánico y los mecanismos que probablemente entran en juego en la denominada modificación de los estados y niveles de consciencia.

## ¿Qué es la consciencia?

No es cuestión de entrar aquí en las polémicas existentes a propósito de la definición de consciencia. Recordaremos solamente que consciencia es un término procedente del latín «conscientia», y que designa un conocimiento («scientia») que acompaña («con») nuestras impresiones y nuestras acciones.
San Agustín escribía: «Scio me scire» (digo que soy consciente porque soy), o también: «Scio me agere» (digo que soy consciente porque sé que actúo). Existe, pues, una dualidad en la noción de conocimiento: conocimiento a través de nuestras impresiones y conocimiento a través de nuestros actos•. La consciencia puede igualmente ser estudiada desde un punto de vista psicofilosófico y, naturalmente, desde un punto de vista neurofisiológico. Mientras los neurofisiólogos consideran la consciencia como una sucesión de niveles de vigilancia, los filósofos, en su mayoría, han establecido una separación entre la esfera consciente e inconsciente.

• Para recalcar esta dualidad los ingleses utilizan dos términos distintos, uno para designar la consciencia en el sentido de impresión: *consciousness*, y otro para designar la conciencia moral: *conscience*, es decir, el conocimiento del valor de nuestras acciones. Los alemanes utilizan igualmente dos términos: *Gewissen* y *Bewusstsein*.

*El punto de vista psicofilosófico*
En el plano psicofilosófico, se centrará la atención sobre todo en el aspecto subjetivo, es decir, introspectivo. Se estudia esencialmente la consciencia como consciencia de sí, o también como consciencia de lo que pasa dentro de nosotros mismos•.

• Presentamos aquí sólo algunas concepciones filosóficas de la consciencia, que nos ha parecido interesante comparar con las concepciones neurofisiológicas.

*Para Descartes* (1596-1650), el «Pienso, luego existo», es el primer principio de la filosofía, la certeza primaria que permite al hombre afirmar su existencia: el hombre es consciente, y no existe sino porque es consciente. La esencia del hombre es, pues, la consciencia.

*Para Malebranche* (1640-1715), el espíritu no tiene relación con el cuerpo, al que no obstante se halla unido. Ahora bien, el espíritu posee la facultad de conocer los objetos a través del entendimiento puro, sin formar imágenes corporales.

*Para Franz Brentano* (1838-1917), filósofo y psicólogo alemán, lo que hace difícil una definición de la consciencia es la pugna de palabras y la pobreza de vocabulario. De ahí que, según él, sería preferible reservar el término de consciencia para el fenómeno psíquico o acto psíquico. Con esta toma de posición, si consciencia y fenómeno psíquico son una misma realidad, ¿cómo será posible un inconsciente?

*Para Bergson* (1859-1941), en el campo psicológico, la consciencia no sería sinónimo de existencia, sino sólo de acción real o de eficacia inmediata; y, una vez así limitada la extensión de este término, habría menos dificultad en representarse un estado inconsciente, es decir, en definitiva, impotente. La consciencia se orienta esencialmente hacia la especulación.

*Para Pierre Janet* (1859-1947), psiquiatra, «la consciencia es una síntesis activa que tiene por objeto la función de lo real»; a su juicio, dos términos son obligatoriamente complementarios: variedad de los estados de consciencia y unidad de la consciencia. La consciencia, para subsistir, debería agrupar en todo momento las percepciones, que nacerían por una asimilación continua de las sensaciones, los recuerdos y las ideas.

*Para Merleau-Ponty* (1908-1962), la consciencia es una red de intenciones significativas, unas veces claras por sí mismas, y otras al contrario vividas más que conocidas. Es, pues, imposible distinguir como elementos separables el fin y los medios.

*Para Henri Ey*•, la consciencia puede ser descrita como la organización misma de la vida de relación que vincula al sujeto con los demás y con su mundo.

• H. Ey: *La conciencia* (Madrid, Gredos, 1976, 2.ª ed.).

*Para Jean-Paul Sartre*•, existen dos modos de ser de la consciencia en sus relaciones con el mundo: uno consiste en que la consciencia considera al mundo como un conjunto organizado de objetos (utensilios) que relaciona unos con otros la

• J. P. Sartre: *Bosquejo de una teoría de las emociones* (Madrid, Alianza, 1971).

consciencia «cotidiana» y que conoce bien; el otro, contrario al primero, consiste en que la consciencia hace desaparecer ese mundo de utensilios y lo reemplaza por un mundo «mágico», el de la emoción, que no es una cualidad o propiedad de la consciencia, sino la consciencia misma•.

• Da la impresión de que tocamos aquí uno de los nexos esenciales en «patología», siendo el stress la transformación del estímulo objeto en sensación emotiva.

Aunque Caycedo ve el inconsciente como un callejón sin posible salida, considerándolo como algo muy discutido y susceptible por ello de levantar polémicas, recordemos no obstante que para los psicoanalistas la esfera consciente sólo interesa en la medida en que permite, justamente, tomar conciencia del inconsciente. El doctor Cahen, psicoanalista, sofrólogo y traductor de numerosas obras de Jung, intenta hacer la síntesis entre las distintas investigaciones sobre el inconsciente y la sofrología. Concretamente ha elaborado una técnica de sofronización de grupo que permite la eclosión del inconsciente reprimido. El doctor J. Donnars utiliza la relajación con el mismo fin.

*El punto de vista neurofisiológico*

En el plano neurofisiológico ya no se utiliza el concepto de consciencia. En efecto, el neurofisiólogo estudia las modificaciones del organismo en función de nuestro estado de consciencia del mundo que nos rodea y de lo que ocurre en nosotros mismos. Sólo conoce la resultante fisiológica o neurológica de los fenómenos, que algunos denominan «consciencia». Por eso el neurofisiólogo emplea el término de vigilancia como sinónimo de consciencia.

Esta vigilancia comporta, paradójicamente, el sueño. Se dice a menudo que ocupamos en dormir la tercera parte de nuestra vida: sería más exacto decir que la pasamos soñando. Pero entonces estamos en acción, por lo que Henri Ey ha podido decir que «el sueño no es un vacío».

La vigilancia es, por lo demás, condicionada: el aprendizaje, la formación de conceptos, el comportamiento adaptado o no, suponen siempre un estado de vigilancia.

# II
# Las bases de la sofrología

# El sistema nervioso

La consciencia, en el sentido de vigilancia, puede estudiarse bajo tres aspectos:
— la introspección,
— la observación del comportamiento,
— los trazos electroencefalográficos (trazos E.E.G.).

Estos tres aspectos pueden compararse y subdividirse en siete niveles. El cuadro adjunto permitirá entender mejor cómo.

En el cuadro se observa que al nivel I, el de la hipervigilancia, le corresponde un comportamiento mal adaptado, con una desincronización total en el electroencefalograma. En el nivel II, estadio de la vigilancia, el comportamiento está bien adaptado, y se advierte la aparición de un ritmo alfa.

En el estadio III la atención es flotante, para un comportamiento de disponibilidad con el establecimiento de las ondas alpha. A estos tres primeros estadios corresponde el pensamiento vigilante.

En el nivel IV la vigilancia se halla relajada; es el ensueño, con un comportamiento correspondiente al adormecimiento, disminución de las alpha y aparición de ondas lentas de tipo theta.

En el nivel V se encuentran los ensueños en el sueño ligero con las ondas beta. En el nivel VI hay pérdida de consciencia, pero con persistencia de reacciones motrices: es el sueño profundo y sus ondas delta. Finalmente, en el nivel VII hay pérdida total de la consciencia: es el coma con disminución de las ondas delta, haciéndose plano lineal, el trazado E.E.G.

| NIVEL | I | II | III | IV | V | VI | VII |
|---|---|---|---|---|---|---|---|
| E.E.G. | Trazado alfa totalmente desincronizado<br>Amplitud de media a baja<br>Mezcla de frecuencias rápidas<br>Aparición de bocanadas breves de theta | Alfa parcialmente desincronizado<br>Amplitud baja<br>Frecuencia rápida | Trazado desincronizado: ritmo alfa | Disminución de ondas alfa<br>Aparición ocasional de ondas lentas de baja amplitud, ondas theta | Desaparición del ritmo alfa<br>Ondas lentas beta en haces periódicos | Abundancia de ondas lentas (delta) de gran amplitud, sobre todo en la mitad anterior del córtex | Grandes ondas lentas delta, luego eventualmente trazo plano (muerte) |
| Comportamiento | Hipervigilancia<br>Poco eficaz y mal adaptado al mundo exterior<br>Emociones | Vigilancia<br>Rápido, adaptado y eficaz (vigilancia atenta) | Relajación,<br>Estado de disponibilidad<br>Creatividad | Adormecimiento<br>El comportamiento carece de coordinación | Sueño ligero | Sueño profundo | Coma |
| | Pensamiento vigilante (mundo exterior) | | | Pensamiento onírico (mundo interior) | | | |
| Introspección | Hipervigilancia durante las emociones fuertes<br>Atención difusa y fluida | Vigilancia normal<br>Atención selectiva capaz de adaptación<br>Fijación<br>Concentración<br>Vigilancia atenta | Atención flotante<br>Asociaciones libres<br>Vigilancia relajada | Ensueño<br>Los estímulos del mundo exterior son percibidos de manera atenuada | Ensueño<br>Pérdida de consciencia casi total de los estímulos del mundo exterior<br>Abolición de las nociones de tiempo y espacio | Pérdida completa de consciencia, sin ensueño, pero persistencia de respuestas motrices a los estímulos sensoriales | Pérdida completa de consciencia,<br>Respuesta prácticamente nula a los estímulos sensoriales |

*Cuadro según L. Moor, modificado por J. Delay y P. Pichot*

Los niveles IV y V corresponden al pensamiento onírico. Así, desde el punto de vista neurológico, se pasa del mundo exterior al mundo interior (fase 4 a 5); y, cuando en sentido neurológico hay disminución de la vigilancia exterior, hay aumento del pensamiento onírico. Este es el punto de encuentro entre la fisiología y la psicología.

En las páginas que siguen vamos a estudiar las estructuras orgánicas de soporte del pensamiento (vigilante u onírico) y los mecanismos funcionales que entran en juego en la elaboración de estos niveles de vigilancia o de consciencia. Estos mecanismos son los que funcionan en los procesos de sofronización.

Pero antes, y para que podamos comprender la sofrología, conviene recordar algunas nociones elementales de anatomía y de fisiología del sistema nervioso. Luego veremos los sistemas funcionales: la formación reticular y el cerebro visceral. Finalmente, las funciones más concretas: el tono muscular, el ciclo vigilia-sueño y las repercusiones sofrónicas sobre estos mecanismos.

## LA NEURONA

La célula es la más pequeña unidad funcional de la sustancia viva. Una agrupación de células forma un tejido. Varios tejidos forman, a su vez, un órgano con una función particular. Esta función es la que, puesta en común con las funciones de otros órganos, forma un sistema. La base de la organización nerviosa es la neurona, que constituye la unidad anatómica y funcional. Las propiedades de la neurona son triples: es a la vez excitable, excitador y conductor o propagador del influjo nervioso.

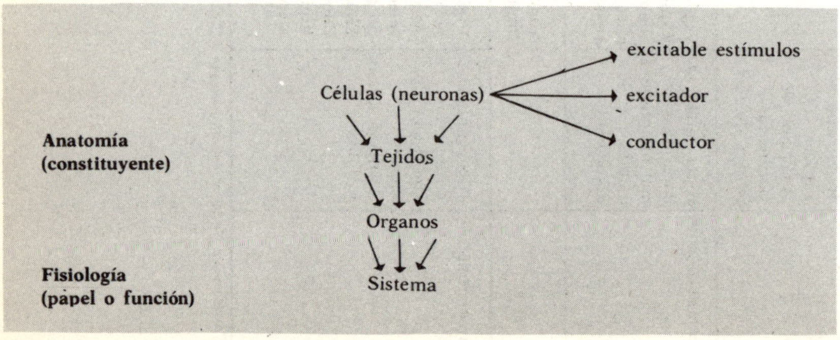

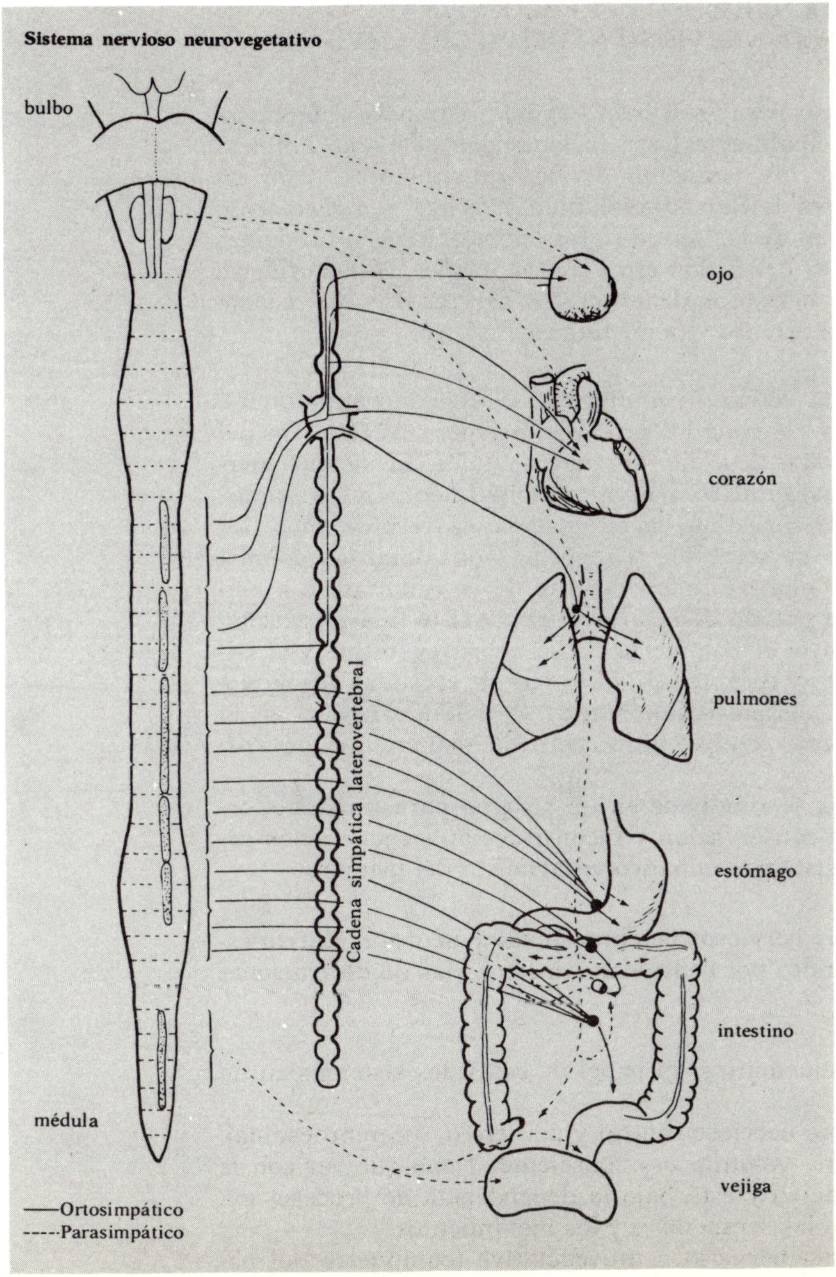


Según J. Delmas y A. Delmas: Vías y centros nerviosos (París, Masson, 1954).

## EL SISTEMA NERVIOSO CEREBROESPINAL Y EL SISTEMA NERVIOSO NEUROVEGETATIVO

— *El sistema nervioso cerebroespinal,* llamado voluntario, regula principalmente las relaciones con el medio ambiente•. Permite las sensaciones y los movimientos. Está influenciado por la llamada voluntad y recoge, por mediación de los órganos de los sentidos, las informaciones procedentes del mundo exterior. Son estas informaciones, transmitidas a los órganos nerviosos denominados centros, las que encontramos en el cerebro y la médula espinal.

• Se denomina también sistema de la vida de relación.

— *El sistema nervioso neurovegetativo,* llamado autónomo e involuntario, controla los procesos internos o vegetativos del organismo. Mantiene las funciones vitales. El sistema nervioso neurovegetativo inerva principalmente las vísceras, regulando la digestión, la circulación, la respiración y los mecanismos de secreción y reproducción. Como autónomo, funciona de manera independiente de la voluntad. Sin embargo, se ha podido demostrar que no existe una separación tan clara entre el sistema nervioso neurovegetativo y el sistema nervioso cerebroespinal como se creyó al principio. Los centros nerviosos autónomos se hallan situados en la médula espinal y el cerebro, pero de manera menos aparente.
Este sistema se subdivide en un sistema parasimpático, ordenado a la conservación y reconstrucción (regeneración celular) y un sistema simpático antagonista del primero.

Los sistemas nerviosos cerebroespinal y neurovegetativo están constituidos por centros nerviosos y vías de derivaciones periféricas.

Podemos esquematizar el papel de estos dos sistemas en un cuadro:
— El sistema nervioso central y periférico, o cerebroespinal, es un sistema voluntario y consciente. Tiene que ver con la vida de relación y está bajo la dependencia de procesos externos como las sensaciones y los movimientos.
— El sistema nervioso neurovegetativo (compuesto del pa-

rasimpático y del ortosimpático) es un sistema involuntario, autónomo, inconsciente, que mediante procesos internos o vegetativos regula las funciones vitales como la digestión, la respiración, la circulación, etc.

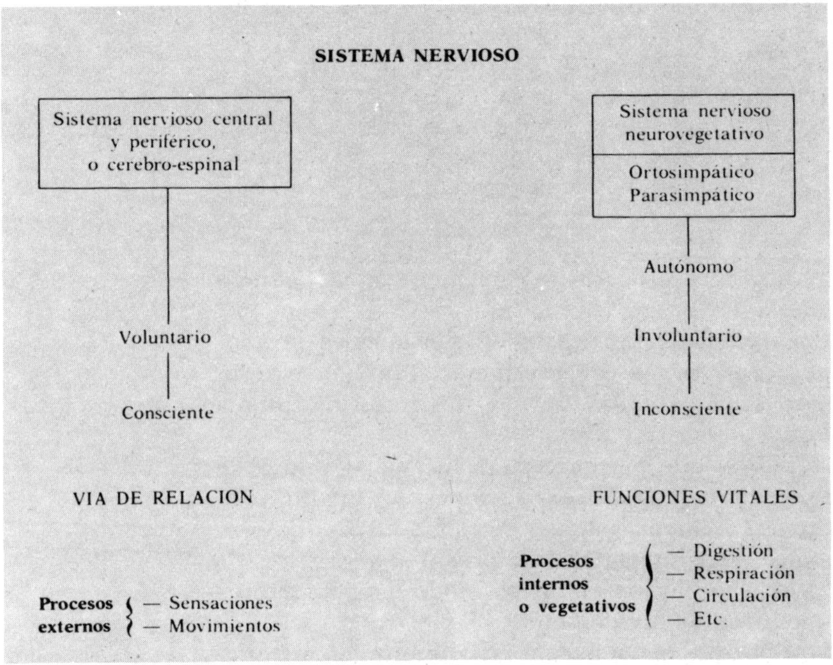


## LAS SENSACIONES

A nivel del sistema nervioso existen señales eléctricas procedentes de la misma neurona y que se hallan bajo la dependencia de las variaciones humorales sanguíneas (por ejemplo, variación del índice de azúcar en la sangre), y de las informaciones relativas a las modificaciones del medio interior o exterior. Estas informaciones son captadas por receptores específicos (captadores específicos de informaciones) y transmitidas al sistema nervioso central (zonas cortical y subcortical del cerebro) a través de fibras especializadas. Una vez que han llegado al cerebro esas informaciones, son analizadas por zonas funcionales complejas denominadas analizadores, cuyo objetivo principal es precisamente recibir y diferenciar las sensaciones.

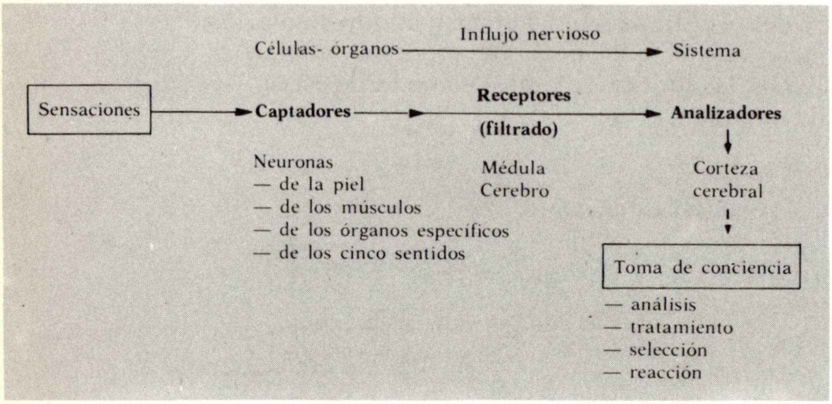


Las sensaciones son los procesos más elementales del campo de consciencia.

Las sensaciones pueden clasificarse en sensaciones propioceptivas, interoceptivas, visceroceptivas o también exteroceptivas, según sean captadas por los distintos receptores especializados:

— *los exteroceptores*, que pertenecen al sistema nervioso de la vida de relación, captan las excitaciones del medio exterior y constituyen el soporte de las distintas formas de sensibilidad cutánea (táctil, térmica o dolorosa);

— *los interoceptores*, que son en cierto modo los perceptores de la vida vegetativa, se dividen en:

• propioceptores, que pertenecen igualmente al sistema nervioso de la vida de relación y son estimulados por los

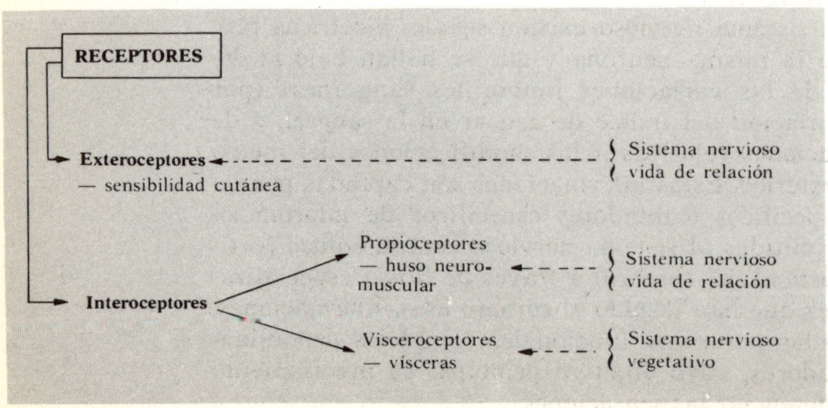

movimientos del cuerpo a través del huso neuromuscular (integrante de la compleja inervación del músculo), que se muestra como un elemento capital en el mantenimiento del tono muscular;

• visceroceptores, que pertenecen de un lado al sistema neurovegetativo, y de otro al sistema cerebroespinal, y que presentan equipos especializados.

Es, pues, fácil comprender cómo las neuronas reciben excitaciones y las transmiten por el influjo nervioso. Los principales responsables de esta transmisión son las neuronas que se hallan en la parte posterior de la médula (cuernos posteriores) y sus equivalentes del tronco cerebral. Todo mensaje es lanzado a un sistema específico donde se realiza un filtrado selectivo de la excitación. La coordinación coherente de las informaciones sólo es posible, por lo demás, gracias a la especificidad de los receptores. Así es como el campo exteroceptivo, en relación con el sistema nervioso de la vida de relación, coordina las excitaciones del medio exterior, dominio de la sensibilidad específica; el campo interoceptivo, que actúa a través del sistema nervioso vegetativo y del sistema nervioso cerebroespinal, comprende los propioceptores o receptores tisulares del sistema musculoesquelético y los visceroceptores del conjunto de las vísceras.
Una estimulación o acción puede realizarse en la consciencia a través de los receptores y analizadores o, más concretamente, por mediación de los músculos y órganos internos.

**La corteza cerebral es la sede de la consciencia**

El sistema nervioso, y especialmente el sistema nervioso central, es no sólo el lugar de convergencia de las informaciones (o de las señales), sino también un sistema que las analiza, las trata, las selecciona y reacciona a ellas. El sistema nervioso central, y especialmente el denominado córtex o corteza del cerebro, es, pues, el principal centro de la consciencia en el sentido de soporte orgánico. Como ha dicho A. Fessard, «el cerebro se alimenta de información».

El sistema nervioso es, pues, un sistema funcional complejo, el más complejo de los sistemas biológicos, y sólo puede estudiarse descomponiéndolo en sistemas funcionales más simples. Es lo que vamos a hacer ahora estudiando sucesivamente: la función reticular, que entra en juego principalmente en los mecanismos de la vigilia y el sueño, el cerebro visceral, el tono muscular y el esquema corporal.

## LA FORMACION RETICULAR

A partir de 1855 ciertas observaciones anatómicas habían permitido individualizar la formación reticulada (o reticular) dentro del tronco cerebral, pero sólo en 1944 Magoun logró mostrar el considerable papel de esta formación, denominada a veces tercer cerebro, en todas las funciones del organismo. Este papel no reside sólo en el mantenimiento del nivel de vigilancia. Es un amplio sistema hacia el que convergen influjos de origen diverso, y cuya función normal, a través de sistemas de activación e inhibición, es asegurar a las estructuras así controladas una excitabilidad óptima según las distintas tareas a realizar.
Por formación reticular se entiende un enmarañamiento de sustancias gris y blanca sin delimitación muy precisa. Se extiende desde el término de la médula hasta el córtex. Se sitúa entre las vías sensitivas (vías de la sensibilidad) y motrices (vías del movimiento), y por otra parte no puede funcionar sin la aportación de estas vías sensitivosensoriales. De hecho, todas las partes del cuerpo se hallan en estrecha relación con esta formación reticular, que puede ser activada (estimulada) o desactivada (inhibida).

— *La activación* puede hacerse por vía directa, a través del influjo nervioso, o por vía indirecta a través de la vía humoral. Esta activación se hace, pues, mediante excitación, o bien de las vías nerviosas sensitivas y sensoriales, o bien de las aferencias viscerales o propioceptivas (tono muscular), y puede hacerse igualmente a través de variaciones humorales de descargas de adrenalina o de gas carbónico, e incluso por falta de oxígeno•.
La activación de la formación reticular permite la adaptación del conjunto de las estructuras nerviosas a una actividad creciente del organismo. Esta se traduce en una elevación del nivel de consciencia o, más exactamente, de los niveles de vigilancia que llevan a una facilitación de la motricidad.

• Debemos señalar también que existe un sistema activador descendente en el que entran en juego el rinencéfalo (cerebro visceral) y el córtex.

— *La desactivación* de la formación reticular puede hacerse asimismo a través del córtex, mediante la supresión de estímulos• y mediante la excitación de centros inhibidores.

• Esto explica que el medio más sencillo para dormirse sea rodearse de un ambiente donde se reciba el menor número posible de estímulos a nivel de las aferencias sensitivas y sensoriales.

*En resumen*

Puede afirmarse que la formación reticulada juega un papel:
— en la regulación de la vigilia y el sueño,
— en la regulación de la organización motriz,
— en la regulación sensitiva y sensorial controlando la información.
— y, finalmente, en la regulación del sistema nervioso neurovegetativo.

**La formación reticular: un agente de equilibrio y armonía**

Esta formación reticular resulta ser, pues, en cierto modo, un armonizador que equilibra los distintos sistemas de nuestro organismo. Su equilibrio, sujeto cada vez más a la agresión del entorno, debe ser mantenido; y sus relaciones, sobre todo con los receptores musculares, muestra hasta qué punto la sofronización, gracias a sus métodos que moderan el tono muscular, puede contribuir a hacer óptima su actividad.

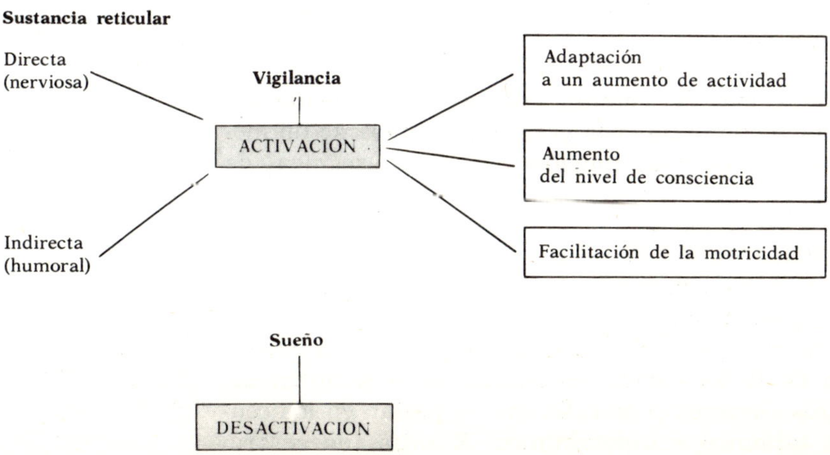

Ahora sabemos que la formación reticulada es solicitada de continuo para luchar contra los trastornos existenciales debidos a un exceso de estimulaciones (ruido, etc.), y que esta sobreestimulación es la causa de muchas de las fatigas, insomnios, agotamientos o demás trastornos de la civilización. Las técnicas de base de sofronización, activando o desactivando la formación reticulada (sofronización simple), permiten al sujeto dirigir y controlar sus procesos de variación de la vigilancia para una mejor armonización de los diversos sistemas y, en consecuencia, para un mejor equilibrio de su personalidad.

## EL CEREBRO VISCERAL

Tenemos que referirnos brevemente a lo que los fisiólogos denominan cerebro visceral.
Los mecanismos de la emoción, de la alerta, los mecanismos viscerales y olfativos (olfato), han sido identificados como relacionados con este cerebro visceral•, que es más un cerebro funcional (de circuito) que una estructura orgánica bien determinada.
A propósito del tono afectivo, se podría decir que los impulsos emotivos se hallan bajo el control de un sistema particular, a su vez en relación con el sistema nervioso neurovegetativo y el sistema humoral. Depende igualmente del equilibrio de la función reticular, que juega por ello un papel muy importante en la génesis de la emoción y, en consecuencia, del dolor, de los sentimientos de ansiedad y de los comportamientos agresivos.

• Cuyo soporte anatómico se encuentra a nivel del llamado sistema límbico, y cuyo papel funcional depende de los circuitos electrofisiológicos, entre otros el circuito de Papez.

Dadas las conexiones del cerebro visceral con la formación reticular, es fácil comprender la gran importancia de un mejor control de sus distintas funciones mediante técnicas de sofronización.

## EL CICLO VIGILIA-SUEÑO

Todos pasamos regularmente (en principio cada veinticuatro horas) de la vigilia al sueño•.
El mecanismo del paso de la vigilancia al sueño está bajo la dependencia de la formación reticulada, pero también depende de otros circuitos cerebrales que se hallan en los centros bulbar, talámico e hipotalámico. Resulta innecesario

• Para todo lo concerniente al sueño, el lector puede acudir al libro de S. Monneret: *Le sommeil et les rêves* (París, Retz, 1976).

desarrollar el conjunto de las estructuras anatómicas y de los circuitos funcionales que, gracias a una feliz armonización, entran en estos mecanismos. Sin embargo conviene señalar que existen diferentes niveles que van de la vigilia al sueño y que alcanzan el número de siete. Estos niveles o estadios se han establecido a partir de cinco observaciones: el trazado electroencefalográfico, el control del comportamiento, la profundidad del sueño, el estudio de la fisiología y el estado de ensueño. El cuadro adjunto permite comprender mejor la significación de estos distintos niveles.

*Los distintos estados se comentan en las páginas que siguen.*

| Estadios | E.E.G. | Comportamiento | Profundidad | Fisiología | Sueños |
|---|---|---|---|---|---|
| Atención Vigilancia Distendida | Alfa | Relajación | Abotargamiento de las percepciones | | |
| Espasmos mioclónicos | | Estremecimientos | Despertar momentáneo | | |
| SUEÑO I | Bajo voltage | Flotación | Despertar fácil | Temperatura disminuida Respiración regular | Imágenes vagas y fragmentarias |
| II | 13/15c/s (ciclos/ segundo) | Ojos abiertos | Despertar con ruidos suaves | Lento desplazamiento de los ojos | Pensamientos fragmentarios Aparición de sueños perfectos |
| III | Delta amplio | Pérdida de contacto con el exterior | Despertar con ruidos más intensos | Temperatura y tensión disminuidas | Amnesia |
| IV | Delta | Sueño | Sueño profundo | Temperatura disminuida | Amnesia |
| R.E.M. | Alfa como en el estado de vigilia | R.E.M. | Dificultades para despertar al sujeto y volverle a la superficie | Cuerpo blando Erección T. A. variable Pulso y respiración variables Contracción de dedos de manos y pies | Sueños |

1. Examinando este cuadro constatamos que el primer nivel es el de la atención distendida, el de la vigilancia relajada, a la que corresponde en el electroencefalograma un ritmo alpha. El sujeto se halla entonces en un agradable estado de relajación y experimenta ya cierto abotargamiento de las percepciones.

2. Antes de pasar al sueño propiamente dicho, es decir, al tercer nivel (denominado generalmente primer estadio del sueño), el sujeto atravesará una fase llamada segundo nivel, que es la de los espasmos mioclónicos, durante los cuales el sujeto que se adormece despierta a veces presa de ciertos estremecimientos. Por otra parte, se pueden observar también estos estremecimientos en el sujeto que se sofroniza.

3. El tercer nivel (o estadio I clásico) es aquel en que se asiste a una desincronización del electroencefalograma•, a una sensación de flotación del pensamiento, donde el despertar es aún fácil y el pulso regular, mientras que la temperatura baja y la respiración se mantiene regular igualmente. Pero aquí existen ya imágenes y pensamientos fragmentarios.

• *desincronización:* ruptura del ritmo del trazado.

4. El cuarto nivel (o estadio II clásico) es aquel en que el electroencefalograma presenta ritmos más rápidos y en que el sujeto aún puede ser despertado con ruidos suaves. En este estadio se observa a menudo un lento desplazamiento de los ojos, que se advertirá a veces también en vías de sofronización. Existen pensamientos fragmentarios, y a veces ya un esbozo de ensueño.

5. El quinto nivel (o estadio III clásico) es aquel en que el electroencefalograma muestra un ritmo lento delta bastante amplio, y en que el sujeto pierde verdaderamente contacto con el mundo exterior. En este estadio resulta difícil despertarlo como no sea mediante estímulos muy fuertes. La temperatura y la tensión arterial (T.A.) disminuyen. Hay amnesia.

6. El sexto nivel (o estadio IV clásico) es aquel en que el electroencefalograma muestra las ondas clásicas del sueño,

ondas lentas delta, y en que el sujeto se halla en un sueño muy profundo. En este momento resulta muy difícil despertarlo, la temperatura es aún más baja y hay igualmente amnesia.

7. El séptimo nivel, denominado también estadio, R.E.M. en inglés («rapid eyes movements») y P.M.O. en francés (petits mouvements oculaires), ha sido designado con distintos términos, generalmente contradictorios. Conviene, pues, prestar atención a la literatura correspondiente, ya que algunos autores hablan de sueño ligero y otros de sueño profundo; de ahí el nombre de sueño paradójico que a veces se le da;

— Los que hablan de sueño ligero se refieren al electroencefalograma que muestra ondas alpha, lo que corresponde al estadio I, es decir, al estadio de la relajación de la vigilia atenta (nivel sofroliminal)•.

• Ver pág. 97.

— Los que hablan de sueño profundo se remiten al hecho clínico, constatando que es difícil despertar al sujeto. En este nivel el cuerpo es blando, hay erecciones, la tensión es variable, el pulso y la respiración son irregulares, pueden existir contracciones de los dedos de manos y pies, así como de los músculos cervicales. Lo que caracteriza principalmente esta fase es el hecho de que el sujeto sueña. Existen durante la noche cuatro o cinco períodos R.E.M., cada vez más largos. Estos períodos son fisiológicos y necesarios para la vida. Si se impidiera a un sujeto tener fases R.E.M. durante varios días, le sobrevendría la muerte.

Se han hecho estudios con soldados: bajo control encefalográfico se despertó durante varios días a ciertos sujetos apenas entraban en una fase R.E.M. Cuando luego se les dejaba dormir normalmente, acumulaban anormalmente un gran número de fases R.E.M., como si debieran recuperar las fases R.E.M. perdidas. Esto muestra que dichos períodos son fisiológicamente indispensables.

El cuadro siguiente presenta las diferentes fases de una noche de sueño.

**Descomposición de una noche de sueño**

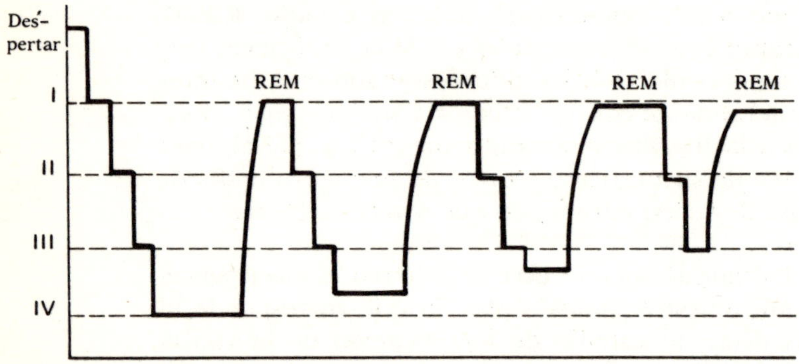


La primera hora el sujeto se sumerge hasta el nivel más profundo, en el que permanece un tiempo relativamente largo (alrededor de hora y media). Luego asciende nuevamente hasta casi despertar (R.E.M.), estado en el que permanece un breve tiempo (de siete a quince minutos), para sumergirse en un nivel cada vez más profundo y de duración más corta, mientras que el ascenso será cada vez más largo hasta la línea del despertar.

Cuando el sujeto se duerme cae rápidamente en el nivel más profundo del sueño, para subir luego hasta el nivel I, que es similar al período R.E.M y donde permanece unos momentos; luego entra en un sueño más profundo, pero sin alcanzar la profundidad del primer sueño. Tras pasar algún tiempo en este nivel inferior vuelve a remontarse hasta un período R.E.M. (de ensueño) similar también al período I, en el que permanece algo más tiempo, para volver poco después a un nivel profundo, pero menos que en el período anterior. A lo largo de la noche se irá remontando así a períodos R.E.M. cada vez más largos, y descenderá a un nivel cada vez menos profundo hasta el momento de despertar.

## Tres formas de vigilancia: diurna, nocturna, sofrónica

Es importante advertir que el estadio llamado de vigilia distendida o de relajación, caracterizado electroencefalográficamente por un ritmo alpha, parece idéntico• al período R.E.M. tanto en el plano fisiológico como en el plano del comportamiento, a excepción tal vez de la profundidad del

• ¿Estado idéntico, similar o diferente? El estudio de las constantes biológicas muestra, al lado de ciertas similitudes (como por ejemplo el ritmo alfa), ciertas divergencias.

sueño o, más exactamente, del grado de despertar. En función de los distintos datos presentados anteriormente, se podría decir que existen tres formas de vigilancia: una diurna, otra del estado de ensueño —el período R.E.M.— y otra sofrónica. La vigilancia sofrónica es inducida y dirigida, mientras que la vigilancia diurna y la del estado R.E.M. son espontáneas.

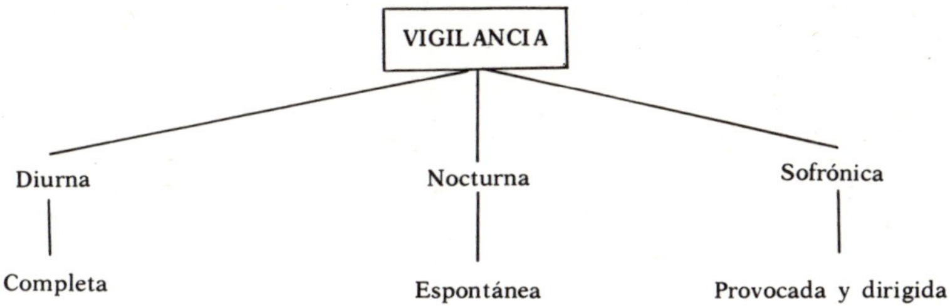


Baraquer-Bordas, neurofisiólogo español, dice que existen cuatro estados de consciencia:
— la vigilia,
— el sueño,
— el ensueño,
— el estado sofrónico.

Nosotros pensamos que el estado sofrónico ideal posee las ventajas del sueño y del ensueño, sin tener sus inconvenientes.

**Correlaciones biológicas entre los distintos estados de consciencia**

| | **Estado despierto** | **Sueño** | **R.E.M. (estado R)** | **Estado sofrónico** |
|---|---|---|---|---|
| Pulso | elevado | débil | elevado | débil |
| Respiración | elevada | débil | elevada | débil |
| Presión sanguínea | elevada | débil | elevada | débil |
| Erección del pene | ocasional | rara | frecuente | ocasional |
| Movimientos oculares | variados | ocasionales lentos | P.M.O. rápidos | P.M.O. rápidos ocasionales |
| Actitud | cualquier postura es posible | relajada | relajada | relajación |
| E.E.G. | desincronizado | | | |
| Consciencia | Vigilancia | Pérdida de consciencia sin sueños | Sueños | Atención flotante Disponibilidad |
| | Stress | Antistress | Stress | Antistress |

**Comparación entre período R.E.M. (período de sueños) y nivel sofroliminal**

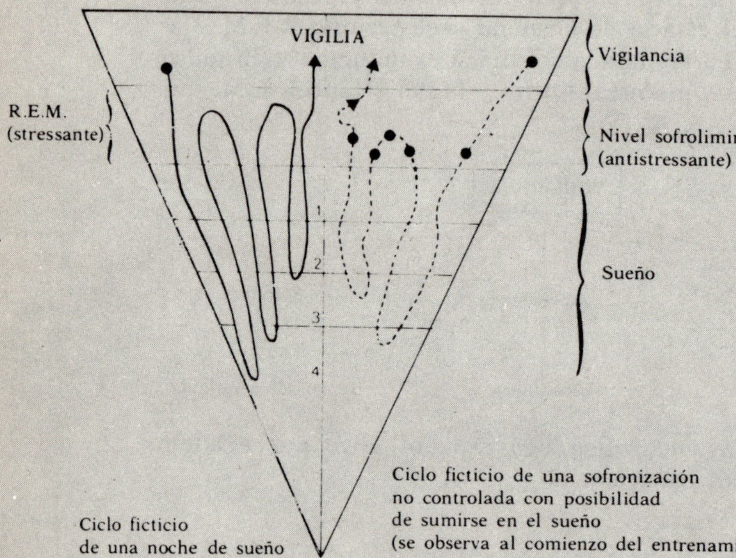


Ciclo ficticio de una noche de sueño

Ciclo ficticio de una sofronización no controlada con posibilidad de sumirse en el sueño (se observa al comienzo del entrenamiento)

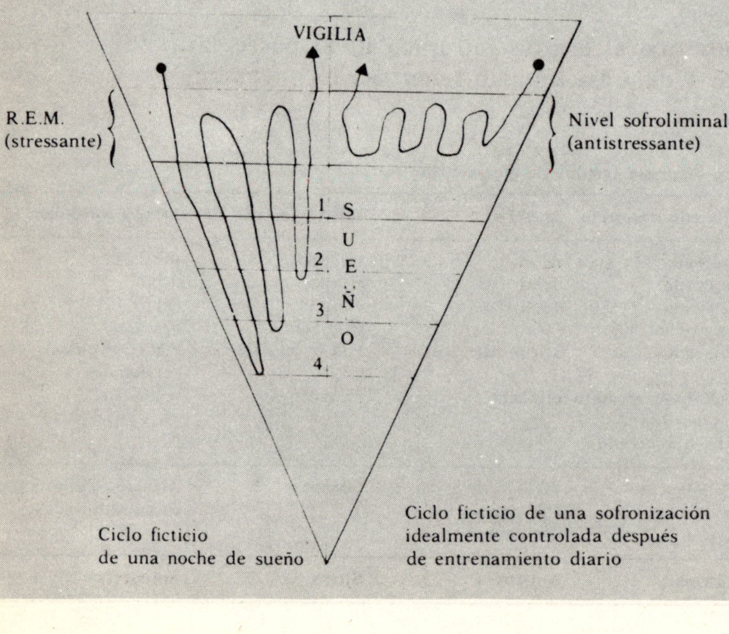


Ciclo ficticio de una noche de sueño

Ciclo ficticio de una sofronización idealmente controlada después de entrenamiento diario

Estos dos cuadros comparan las modificaciones de los niveles de vigilancia durante una sofronización en un sujeto aún no entrenado y en un sujeto idealmente bien entrenado. Los cuadros muestran que el segundo sujeto puede perfectamente controlar sus pasos de uno a otro nivel, e impedir en consecuencia dormirse (hipótesis de trabajo emitida por los autores).

**Consecuencias neurofisiológicas de la sofronización**

| Efectos de la sofronización estática | Efectos de la relajación dinámica |
|---|---|
| Hipotonía muscular | Hipotonía muscular |
| Aumento de la temperatura cutánea | Aumento de la temperatura cutánea |
| Disminución de la temperatura rectal | Disminución de la temperatura rectal |
| Disminución de la tensión arterial | Disminución de la tensión arterial |
| Modificaciones cardíacas y vasculares | Modificaciones cardíacas y vasculares |
| Normalización de la respiración | Normalización de la respiración |
| Disminución del índice de colesterol | Disminución del índice de colesterol |
| Modificaciones electroencefalográficas | Modificaciones electroencefalográficas |
| Sensación de recuperación y de eliminación de tensiones | Sensación de recuperación y de eliminación de tensiones |
| Activación de la circulación | Activación de la circulación |
| Dinamización de las funciones neurovegetativas | Dinamización de las funciones neurovegetativas |
| | Activación de la función reticulada (vigilancia) |
| | Aumento de la oxigenación cerebral |
| | Aumento de las sensaciones extero y propioceptivas |
| | Ensanchamiento del campo de consciencia |
| | Eliminación de tensiones |

# El tono muscular

La misma definición de lo que es el tono muscular varía según los autores:
— Para Morin el tono muscular es la ligera tensión de los músculos que les da una consistencia característica y que desaparece por sección del nervio motor o de las raíces posteriores correspondientes de la médula.
— Para Cherington se trataría de una actividad postural del músculo que fija las articulaciones en posiciones determinadas, solidarias unas de otras e integrantes de la actitud de conjunto.
— Para Raedemaeker sería más bien una tensión de los músculos gracias a la cual las posiciones relativas de las partes del cuerpo se mantendrían correctamente, y que se opone a las modificaciones pasivas, es decir, involuntarias.
— Finalmente, Mamo describe el tono muscular como un telón de fondo de las actividades motrices y posturales que prepara el movimiento, fija la actitud, sostiene el gesto y mantiene la estática del equilibrio.
En resumen, puede decirse que el tono muscular es un estado de tensión permanente de los músculos, de origen reflejo, variable según su adaptación, y que tiene por finalidad equilibrar la postura y la actividad general.
Este estado de los músculos puede apreciarse por la posición de la articulación sobre la que actúa el tono muscular, o por la resistencia de ella a la flexión pasiva o, finalmente, por la palpación.

El tono muscular puede dividirse en dos categorías: el tono permanente, que es la base de las estructuras del esquema corporal, y el tono de actividad, que a su vez puede subdividirse en tres categorías (tono de actitud, tono de orientación y tono de expresión).

*El tono muscular tiene tres funciones:*
— una función clónica, es decir, que la contracción muscular es entonces generadora de movimiento —es la contracción fásica— y corresponde entonces al tono de actividad.
— una función tónica, debida a la contracción muscular en aparente reposo y que corresponde al tono permanente.
— una función de adaptación o función de plasticidad.
En sofrología, cuando utilizamos los métodos estadísticos, es la función tónica la que se pone en juego, mientras que en la relajación dinámica es la función clónica •.
El tono muscular depende de los mecanismos reflejos a escala medular (de la médula), siendo el mecanismo de base el reflejo miotático (reflejo de estiramiento, es decir, reacción del músculo a su estiramiento) que, puesto en acción a partir de los propioceptores (receptores) que informan del estado del músculo, llegará al cerebro pasando por la médula (reflejo), el bulbo y el tronco cerebral (sustancia reticulada).

• Son los músculos rojos, de contracción lenta y sostenida, los responsables de la contracción tónica. Los músculos pálidos tienen un funcionamiento rápido y son generadores de movimiento en una contracción fásica.

Los propioceptores musculares, que constituyen la base del tono, no son sin embargo los únicos que entran en juego: hay que tener también en cuenta los propioceptores articulares, ligamentales, y los del aparato vestibular (responsable del equilibrio). Hay que considerar también a los otros receptores de los aparatos nerviosos periféricos, como los interoceptores viscerales y los exteroceptores de la piel•. Así, existiría igualmente un tono de acompañamiento que debe ponerse en paralelo con los movimientos. El tono postural actuaría sobre el mantenimiento de la estática y del equilibrio, y sería función de la formación reticulada, de centros reflejos que tienen su origen en la nuca y en el oído interno, de la posición de los miembros y de las excitaciones exteroceptivas.
La relajación actuaría disminuyendo el umbral de excitabilidad del huso muscular, en estrecha relación con la formación reticulada.
Las diversas informaciones recibidas por los receptores son

• Por ejemplo, la reacción al frío a nivel de la mano: hay una reacción epidérmica, exteroceptiva (carne de gallina), una tensión muscular y articular, propioceptiva (rigidez de los dedos) que puede producir dolor, interoceptivo.

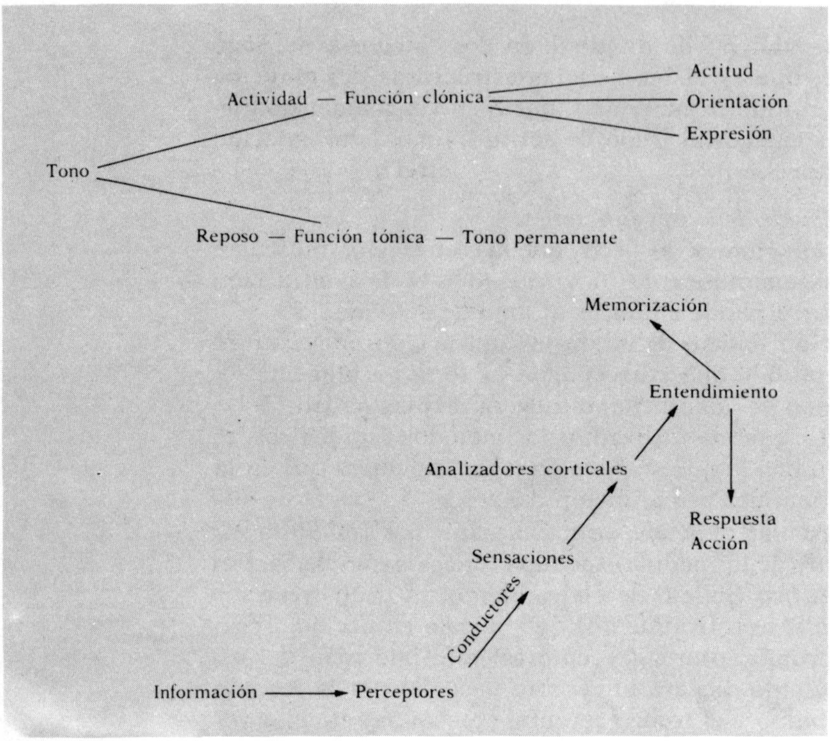


dirigidas luego, tras distribución y regulación supramedular (por la formación reticulada sobre todo), hacia el córtex a través de los conductores, y recibidas allí por analizadores en relación directa con la consciencia y suministradores de sensaciones.

Las sensaciones son el proceso psíquico más elemental que se halla en la base de integración del campo de la consciencia.

Aunque esto se salga un poco del cuadro neurofisiológico, es útil subrayar que, para Durand de Bousingen (alumno y traductor de J. H. Schultz), el acompañamiento muscular del funcionamiento mental no es mera coincidencia. Es incluso la condición de su funcionamiento, en la medida en que tono mental y tono muscular son las dos dimensiones de una misma pulsión energética vinculada a lo más profundo de nuestra función psíquica, de la dualidad cuerpo y alma.

Es igualmente interesante consultar al respecto los estudios de Wallon concernientes a la correlación entre tono muscular y tono mental o tono de la consciencia. Resulta evidente, dada la importancia de la formación reticular en el mecanismo del tono muscular, que existen estrechas relaciones entre el tono fisiológico o tono muscular y la actividad cerebral, subrayando el paralelismo entre tono muscular y función de vigilancia.

Desde un punto de vista neurofisiológico, habría, pues, una acción directa activadora sobre la consciencia por mediación de los propioceptores o estimulantes musculares. Esta activación se halla vinculada a una acción sobre la formación reticular y, especialmente, sobre el sistema regulador de la vigilia y el sueño. Es, pues, fácil comprender que las técnicas de sofronización que utilizan los métodos de relajación estática o dinámica que actúan sobre el tono muscular y, en consecuencia, sobre la formación reticulada, tienen una importancia capital para la actividad de la consciencia (recordemos por otra parte que para Jacobson la consciencia es muscular).

A modo de conclusión, se pueden resumir los mecanismos neurofisiológicos de la toma de conciencia y su influjo sobre el córtex cerebral, de la manera siguiente:
El córtex cerebral y el sistema nervioso en su conjunto captan las informaciones procedentes del medio exterior y las transmiten por mediación de células nerviosas (neuronas) y de señales específicas, gracias a la intervención de mediadores químicos excitadores o inhibidores, e incluso por transferencia sanguínea (hipófisis, hipotálamo). Así regulan el funcionamiento del organismo, es decir, su adaptación al medio exterior. El sistema nervioso central anima las funciones de motricidad y de sensibilidad y, a través de la formación reticulada, permite la toma de conciencia del medio que nos rodea, facilitando la adaptación de nuestro comportamiento.

La información, en el campo exteroceptivo o propioceptivo, se traduce en una sensación. Esta sensación se transmite gracias a la neurona hasta receptores específicos, pasando luego a analizadores centrales para, merced a la armoniza-

ción de todos los sistemas funcionales del cerebro, permitir una respuesta adecuada, motriz o sensible.
El funcionamiento de todos estos mecanismos se halla vinculado a la intervención del tono muscular, de la formación reticular y del cerebro visceral; por lo que la sofronización, que actúa sobre estos diversos sistemas, permite una recuperación de todas las funciones del cerebro y una mejor coordinación.
La adaptación equilibrada a la vida exige la integridad anatómica y fisiológica de estos sistemas funcionales, de suerte que un estímulo engendre una respuesta adecuada. Esto sólo es posible gracias a la armonización del funcionamiento de la formación reticular.
La sofronización tiende a establecer la armonía y el equilibrio de la función reticular a través de un autocontrol y de una mejor adaptación de ésta.
La sofronización pretende ser la llave que abra, cierre o module esta formación reticular para una mejor armonización.

# El esquema corporal

El esquema corporal constituye una estructura permanente y, sin embargo, de continuo en vías de organización o de reajuste dinámico, que permite al individuo de manera más o menos consciente, y a menudo de manera inconsciente:
— tener de su propio cuerpo una imagen a la vez unificada y diversificada, sintética y analítica;
— poder soportar las modificaciones provocadas por fuentes externas o internas (movimientos, sensaciones), y tener así una consciencia inmediata de los estados y actitudes del propio cuerpo;
— situar al cuerpo en un espacio circundante, definido por sus coordenadas espaciales, ocupando el cuerpo mismo cierto espacio también (espacio postural);
— proporcionar el marco de referencia a las actividades sobre el mundo;
— asegurar con ello la permanencia y la unidad de la persona, así como la consciencia que tiene de la misma.
Según Henri Piéron, el esquema corporal «es la representación que cada uno se hace de su cuerpo y que le permite identificarse en el espacio. Basada sobre datos sensoriales múltiples propioceptivos y exteroceptivos, esta representación esquemática es necesaria para la vida normal, viéndose afectada en las lesiones del lóbulo parietal» •.
«A nivel anatómico y fisiológico, los neurólogos han podido establecer que a tal zona del cerebro correspondía tal parte del cuerpo, tanto a nivel de la sensibilidad o motricidad como de la representación espaciotemporal. Se sabe, en efecto, que la destrucción de ciertas zonas del cerebro com-

• H. Piéron: *Vocabulaire de la psychologie* (París, P.U.F., 1957). En español existe de este autor, entre otras obras, una *Psicología: léxikon Kapelusz* (Buenos Aires, Kapelusz, 1964).

porta una insensibilidad, una parálisis, y a veces incluso una total negligencia o ignorancia de la parte del cuerpo interesada; y que, inversamente, la amputación de un miembro va seguida de la percepción errónea de un miembro fantasma y de pseudosensaciones a su nivel, debido a la persistencia de la zona cerebral donde se ha construido la 'imagen' de ese miembro»•.

• P. Debray-Ritzen y col.: *La psychologie de l'enfant de A à Z* (París, Retz, 1976).

## UNA ELABORACION PROGRESIVA

Antes de llegar a estas definiciones fueron necesarios numerosos estudios. A comienzos del siglo XIX, el fisiólogo Reil crea el concepto de cenestesia•. Este término parece abarcar el conjunto de las sensaciones que, desde las diversas partes del cuerpo, se transmiten a los centros nerviosos. Esta noción, de orden estrictamente fisiológico, no es satisfactoria.

• Del griego *koinos*, común, y *aisthesis*, sensación.

El neurólogo francés Pierre Bonnier, que estudia el oído y su patología, sobre todo el vértigo, se ve llevado a interesarse por el equilibrio del sujeto en su marco espaciotemporal. Es el primero que emite la hipótesis de que el vértigo podría derivar del trastorno de un «esquema», es decir, de la figuración topográfica del cuerpo que cada uno posee. Esta noción de esquema es esencialmente un modelo perceptivo del cuerpo como configuración espacial.

El checo Arnold Prick hablará de imagen espacial del cuerpo. El inglés Henry Head, de esquema postural; el austríaco Paul Schilder, de esquema corporal; el belga Ludo van Bogaert, de imagen de sí; los franceses Jean L'Hermitte y Henri Wallon, de imagen del yo corporal y de consciencia del propio cuerpo, respectivamente. Pero, por encima de las diferencias de terminología, las definiciones adoptadas por cada investigador tienen en cuenta muchos más factores de los considerados por Bonnier.

Al igual que el cerebro es mucho más que un esquema representado en neurología, el esquema corporal es mucho más que una representación topográfica de las partes del cuerpo.

## UNA NOCION MULTIPLE

Tres grupos de factores entran en juego en la elaboración del esquema corporal: los factores fisiológicos, afectivos y sociales.

1. *Los factores fisiológicos*

En primera línea de los factores fisiológicos hay que colocar las sensaciones. Prick, Schilder y L'Hermitte insisten sobre todo en las sensaciones cutáneas registradas a través de la piel y el tacto, y en las sensaciones visuales y ópticas.

Henry Head pondrá el acento en las sensaciones musculares y articulares provocadas por el desplazamiento del cuerpo, lo que explica su expresión de «esquema postural». En este caso, cada movimiento efectuado por el sujeto es inmediatamente percibido por el conjunto del cuerpo.

Las respuestas motrices, estudiadas por los psicólogos sobre todo en los niños, se refieren a la coordinación de los gestos, a las primeras adquisiciones: marcha, manipulación de objetos, juegos, aprendizajes diversos.

«El recién nacido no distingue su cuerpo hasta el sexto mes, pareciéndole objetos extraños sus manos y sus pies. El niño sólo tiene una visión parcial de su cuerpo, la de los órganos o miembros que sus ojos le permiten percibir.

Por eso, al contemplarse en un espejo, el niño de siete meses intenta en un primer momento asir la imagen que ve»•.

• M. Bernard: *Le corps* (París, Editions universitaires, 1974).

Numerosos tests permitirán ulteriormente medir el conocimiento que el niño tiene de su cuerpo y de las relaciones constantes entre las distintas partes de él, sobre todo, el estudio del dibujo de un monigote.

Las sensaciones respiratorias, viscerales, circulatorias y térmicas no desempeñan un papel importante, aunque ciertos dolores orgánicos pueden influir sobre la constitución de la imagen del cuerpo de ciertos enfermos aquejados de trastornos cardíacos, circulatorios o respiratorios crónicos.

2. *Los factores afectivos*

A Schilder le debemos el haber insistido en las componentes afectivas de la imagen del cuerpo.

En el niño, la actividad sensoriomotriz y las reacciones afectivas están continuamente vinculadas. El dolor y el placer matizan siempre las modificaciones del cuerpo y la consciencia que de él tiene el niño. Para Schilder, el dolor parece ser uno de los factores que permiten la organización de la imagen del cuerpo.

En una perspectiva psicoanalítica, Schilder ha insistido en el papel que desempeñan las distintas zonas erógenas (bucal, anal, genital) en la constitución de la imagen del cuerpo. Todo cuerpo es un cuerpo sexuado.

3. *Los factores sociales*
La imagen del cuerpo sexuado va acompañada siempre, consciente o inconscientemente, de un juicio de valor: se considera bonito o feo, demasiado pequeño o demasiado grande, muy grueso o muy delgado. Estos juicios, de hecho sólo son el reflejo de los juicios que ponemos en boca de los demás.
El grupo social en que vivimos, la familia, ofrece modelos de identificación y de imitación, sobre todo para el niño•.
Es en el mismo grupo social donde el niño aprenderá las mímicas, el lenguaje, la forma de andar, los juegos; donde adquirirá los distintos aprendizajes, porque habrá de establecer relaciones con los demás.
Este grupo social es igualmente portador de juicios de valor a través de la «moral del cuerpo», y en particular de su sexualidad, pero también a través de la moda y la concepción de la belleza que predominan en un momento dado.
Sin nosotros saberlo, nuestra imagen del cuerpo es, pues, tributaria del entorno humano. No nos sentimos «ser» sino para y por los demás.

• El niño pequeño reconoce primero a sus padres en el espejo antes de reconocerse a sí mismo.

## LA MODIFICACION DEL ESQUEMA CORPORAL

El esquema corporal puede ser modificado o alterado con ocasión de ciertas enfermedades. La atopognosia ya observada por Prick en 1908 presenta un sujeto incapaz de ejecutar movimientos sobre su propio cuerpo, de localizar sensaciones externas, de distinguir el lado izquierdo del derecho. En este caso, las lesiones cerebrales impiden al enfermo hacer coincidir las sensaciones que experimenta con la imagen que tiene de su cuerpo: ahora bien, esta imagen o conocimiento topográfico del cuerpo quedaría garantizada, a juicio de Prick, por cierto mapa mental o miniatlas cerebral derivado de la asociación de sensaciones cutáneas con las sensaciones visuales correspondientes•.

• M. Bernard: *Le corps* (París, Ed. universitaires, 1974).

Otro ejemplo más conocido de alteración del esquema corporal, el de los heridos de guerra que, pese a habérseles amputado un miembro —brazo o pierna—, siguen experimentando sensaciones en el miembro desaparecido, confirma también esta noción de imagen persistente en la zona cerebral.

Pero el esquema corporal puede modificarse igual y más sencillamente por los cambios de postura o por la utilización de objetos o instrumentos que prolongarán los límites de nuestro propio cuerpo: el bastón del ciego, los esquís y los bastones de esquiador, la raqueta del tenista, la máquina de escribir de la mecanógrafa.

El caso más evidente de modificaciones de esquema corporal es sin duda el producido por la conducción de un automóvil. Quienes algún día han cambiado de vehículo, han podido constatar hasta qué punto, en los primeros momentos, se sentían torpes al volante. Pero después de algún tiempo, una vez integrada cerebralmente su nueva dimensión, su nuevo esquema corporal (conductor y carrocería), pudieron de nuevo circular sin problemas.

La sofrología, mediante ejercicios apropiados de relajación dinámica y de sofroaceptación progresiva•, contribuye a hacer aceptar el esquema corporal alterado o modificado. Y lo hace con una finalidad terapéutica, para corregir y mejorar ciertos disfuncionamientos, ciertos trastornos, para aceptar mejor ciertas amputaciones o mutilaciones. Pero lo hace sobre todo, y cada día más, con una finalidad pedagógica, ayudando a los individuos a aprender mejor ciertos gestos, a realizar más fácilmente movimientos nuevos, a integrar nuevas dimensiones naturales como las resultantes del estado de gravidez o las provocadas por la colocación al extremo de los miembros de instrumentos o aparatos.

• Ver pág. 139.

La sofropedagogía puede jactarse ya de éxitos espectaculares en los más variados campos.

# Los reflejos condicionados

Los reflejos son los medios a través de los cuales las funciones orgánicas (observables) entran en conexión con agentes del mundo exterior (medibles). Si se muestra carne a un perro con hambre, el perro insaliva.
Si a ese perro, antes de presentarle la carne, se le hace oír una campana, tras haber repetido varias veces esta asociación se advierte que la simple audición de la campana provoca en el animal una secreción de saliva. Entonces se ha establecido un reflejo condicionado.
Esta experiencia, ya clásica, del fisiólogo ruso Pavlov, pone en juego cinco elementos y sus relaciones:
— *La reacción incondicionada* (o reflejo absoluto) es la respuesta de un organismo a una estimulación determinada procedente del medio (aquí, la insalivación).

**Carne** ——————→ **Insalivación**

Estímulo incondicionado — Reacción incondicionada (reflejo absoluto)

— *El estímulo incondicionado* o absoluto es un acontecimiento del medio que desencadena de forma constante la reacción incondicional (el estímulo incondicionado es aquí la carne).
— *El estímulo neutro* es otro acontecimiento del medio que no desencadena a priori la reacción incondicional estudiada (el estímulo neutro es aquí el sonido de la campana que precede a la presentación de la vianda).

**Toque de campana + carne** ——————→ **Insalivación**

Estímulo neutro + Estímulo incondicionado — Reacción incondicional

— *El estímulo condicionado* es el nombre dado al estímulo neutro cuando ha adquirido la propiedad de desencadenar la reacción incondicional (aquí es el toque de campana cuando por sí solo resulta eficaz).

— *La reacción condicionada,* finalmente, es la respuesta obtenida gracias a ese estímulo condicionado (aquí es la insalivación del perro obtenida mediante la audición de la campana).

**Toque de campana** ——————————→ **Insalivación**

Estímulo condicionado — Reacción condicionada (reflejo condicionado)

En el siglo XVII Descartes introdujo la noción de arco reflejo•, que permitió estudiar el funcionamiento de los segmentos inferiores (médula) del sistema nervioso animal. Luego, Pavlov y la escuela rusa prolongaron su aplicación al nivel del segmento superior (hemisferios cerebrales, sedes del psiquismo).

• Estimulación→médula→respuesta.

Mientras la reflexología, método científico, estudia objetivamente ciertos fenómenos psíquicos, la sofrología trata de interpretarlos subjetivamente y de aplicarlos al aprendizaje de las técnicas sofrónicas.

Abramos aquí un paréntesis que tiene su importancia. En efecto, la terminología antigua, cargada de compromiso histórico, impide la comprensión del fenómeno en su totalidad. El término de reflejo condicionado (o condicional) se presta a confusión, por no entenderse sino como una mera respuesta fisiológica a nivel de la médula espinal. Jean-François Le Ny prefiere, pues, utilizar una expresión que es «reacción condicional», más apta para definir, en toda su entidad, la respuesta de un organismo a una estimulación del medio•.

• J. F. Le Ny: *El condicionamiento* (Barcelona, Península, 1971).

## Los reflejos condicionados están jerarquizados

Cerrado el paréntesis, recordemos que la psicología animal (Szimanski, 1932) distingue tres clases de reacciones:

— *Las reacciones primarias,* innatas, que dependen únicamente de las estructuras morfológicas y de las propiedades fisiológicas de los organismos. Los reflejos simples absolutos pertenecen a este tipo (la insalivación del perro hambriento a la vista de la carne es una reacción primaria).

— *Las reacciones secundarias,* adquiridas durante el aprendizaje y perfeccionadas por el ejercicio. Los reflejos condicionados pertenecen a este tipo. Otro tanto ocurre con los actos más o menos automáticos relacionados con un hábito o una manifestación de la memoria. Ejemplo: la doma.

— *Las reacciones terciarias,* suscitadas por la necesidad de adaptación a una situación nueva. Tales reacciones exigen una comprensión de la situación y un mínimo de reflexión. Pueden calificarse de actos inteligentes. La huida, por ejemplo, puede vincularse a este tipo de reacciones.
Se empieza a presentir que la extrapolación del campo animal al campo humano es tentadora, tanto más cuanto que investigaciones recientes confirman que toda la actividad actual de un sujeto —y esto es más cierto cuanto más evolucionado— depende de su actividad y de su entorno pasados.
El estudio del condicionamiento y de los mecanismos de aprendizaje nos permite progresar en el estudio del psiquismo, aunque este último sea otra cosa que una simple suma de reflejos condicionados.

## EL APRENDIZAJE EN EL ANIMAL

Independientemente del condicionamiento de la saliva, convertido en una especie de prototipo, pueden condicionarse un elevado número de reacciones siguiendo el mismo esquema. Puesto que el mundo exterior es cambiante, el organismo, para adaptarse a él, ha de cambiar también, es decir, aprender. Al condicionamiento clásico se pueden aproximar, teniendo en cuenta no obstante la complejidad de las estructuras superiores, otros fenómenos como los del aprendizaje.
Los trabajos de Miller y Konorski (1928), los de Skinner (1958) con su famosa caja•, y finalmente los de Hilgard y Marquis (1940), condujeron a la idea de la existencia de dos tipos de condicionamiento:

• El animal encerrado en la caja de Skinner tiene a su disposición un mando sobre el que puede presionar, procurándose así una recompensa en forma de agua o de alimento; pero el mando puede también cortar la corriente que el animal recibe en las patas o estimular una zona determinada de su cerebro.

1. El estudiado por Pavlov;
2. El condicionamiento de segundo tipo, denominado condicionamiento operante, o también condicionamiento instrumental.

La diferencia entre ambos reside en que, en la situación pavloviana, es el estímulo a condicionar (el toque de campana) el que precede a la aparición del estímulo incondicionado de refuerzo (la carne); mientras que, en el condicionamiento instrumental, es de la respuesta de la que depende la presentación del reforzador: ella es la que determina su presencia o su ausencia; es porque el alimento llega por lo que la rata aprende a mover el mando tras cierto tiempo de aprendizaje. Existe igualmente el aprendizaje de evasión, lo que significa que el organismo recibe un estímulo negativo, desagradable; puede interrumpirlo llevando a cabo una reacción adaptada (cesación de una estimulación eléctrica, desagradable, si la rata se coloca en la parte oscura de la caja); aprendizaje de evasión que no ha de confundirse con el de evitación, en que el organismo recibe una estimulación desagradable si no tiene la reacción adecuada, pero no recibe esa estimulación si la tiene.

## CARACTERISTICAS FUNDAMENTALES

### *La extinción*

En el ejemplo inicial del perro, a la sola audición de la campana, durante cierto tiempo insaliva; luego, poco a poco, la saliva se hace menos abundante y desaparece. Fue Pavlov quien propuso el término de extinción para designar este fenómeno. Profundizando la experimentación, puso de manifiesto que si se hacía oír nuevamente al perro el sonido de la campana después de algún tiempo de haberse hecho inoperante debido al fenómeno de la extinción, la insalivación reaparecería como si se diese una recuperación espontánea. Pavlov, apropiándose las conclusiones del fisiólogo Setchenov, contemporáneo suyo, emitió la hipótesis de que la extinción se debía a una especie de inhibición de un grupo de células del cerebro. Las investigaciones modernas no han podido aún verificar esta hipótesis, que pese a ello sigue siendo atractiva; tanto más cuanto que Pavlov puso de manifiesto igualmente que un estímulo parásito (un ruido, por ejemplo) producido durante la extinción reiniciaba la aparición de la reacción condicionada (la insalivación) por una especie de desinhibición.

Es de advertir finalmente que este fenómeno de extinción no tiene lugar cuando se utiliza un estímulo de refuerzo de forma intermitente (presentación de la carne, por ejemplo).

La extinción es la que permite al organismo adaptarse al entorno, aquilatar las relaciones entre los condicionamientos exteriores y su comportamiento.

Cuanto más se aproxima uno a los animales evolucionados, mejor se constata que el aprendizaje es rápido y las extinciones fáciles, lo que tendería a probar que la extinción desempeña un papel corrector.

*La generalización condicionada*

Una vez bien establecida la reacción condicionada como respuesta a cierto estímulo denominado original, la presentación de otros estímulos puede provocar la misma reacción. Si el perro condicionado insaliva al oír un timbre eléctrico, por ejemplo, podrá insalivar también al oír un timbre de bicicleta. A este fenómeno se le ha dado el nombre de generalización condicionada. Cuanto más se aproximan estos estímulos al estímulo original, mayor eficacia tienen; y, cuanto más se distancian de él, más débil es la reacción. Si el perro aún insaliva al oír un timbre de bicicleta, parecido al timbre eléctrico, insalivará menos al oír una campanilla o un gong.

Este fenómeno de generalización puede extenderse incluso al lenguaje•. Markosian (Moscú, 1957) puso de manifiesto, en un primer momento, que en el animal la coagulación de la sangre se acelera con un shock eléctrico (estímulo incondicionado). Hizo experimentalmente que el shock eléctrico fuese precedido por el sonido de un metrónomo y, al cabo de cierto tiempo, creó una reacción condicionada: el solo sonido del metrónomo aceleraba la coagulación de la sangre. Markosian prosiguió la experimentación en el hombre, constatando los mismos resultados: la aceleración de la coagulación sanguínea se obtiene igualmente con un shock eléctrico, y la reacción condicionada puede establecerse mediante el metrónomo. Luego remplazó el metrónomo por la pronunciación de la palabra «metrónomo», observando asimismo la reacción condicionada (la aceleración de la coagulación sanguínea). Finalmente, Markosian sustituye la palabra «metrónomo» por la de «metrópoli», y constata de modo similar una reacción de hipercoagulabilidad, aunque menor, que decrece aún más ante la palabra «microscopio».

• Las explicaciones de este fenómeno son numerosas, pero se encuentran aún en el estadio de hipótesis.

Aquí es la significación la que fundamenta la semejanza; de ahí el nombre de generalización semántica dado al fenómeno•.

• Es inútil insistir en la importancia de esta experiencia, que podría explicar la aparición de ciertas imágenes o de ciertas sensaciones (agradables o no) bajo la acción de un estímulo antiguo y olvidado (extinción) o de su evocación verbal. En la sofronización, la elección de las palabras (tranquilidad, paz, quietud) es muy importante.

### La evocación verbal de un estímulo puede suplir al estímulo mismo

Otro ejemplo permitirá comprender acaso mejor este fenómeno de generalización: si en el cine algunos espectadores advierten la presencia de humo y llamas, se levantan y ponen a salvo: es en cierto modo el primer sistema de señalización. En cambio, si un espectador se levanta y grita: «¡Fuego, sálvese quien pueda!», siendo así que no ocurre nada, hay grandes posibilidades de que muchos espectadores más se levanten y huyan.

La palabra es, pues, el segundo sistema de señalización. Este fenómeno de generalización constituye, para Pavlov, un proceso de síntesis. En la vida diaria, gracias a este fenómeno, no se requiere un condicionamiento sistemático a todos los aspectos de un estímulo genérico: ¡el gato, condicionado desde pequeño una vez por todas, reaccionará en presencia de todos los perros!

*El análisis*

Acabamos de ver que el organismo es capaz de síntesis. Es igualmente capaz de análisis, y puede reaccionar de forma distinta a estímulos de significado diferente. Si se establece una reacción condicionada de insalivación con ayuda de sonidos muy semejantes unos a otros, pero de los que sólo uno es reforzado regularmente con la presentación de la carne (aunque ese sonido sea el de intensidad más débil), poco a poco se obtendrá la insalivación únicamente ante ese sonido.

Este fenómeno ha podido explicarse a través de los analizadores corticales que la neurofisiología ha logrado poner de manifiesto. Los estímulos actúan sobre ciertos perceptores que transmiten la percepción por vías aferentes a determinados relés, y de aquí a los analizadores de los centros nerviosos, sobre todo del córtex.

Este fenómeno de discriminación muestra la existencia de numerosos engranajes y mecanismos del sistema nervioso, que permite al organismo adaptarse a las condiciones del entorno según las distintas situaciones que puede descomponer, analizar, y finalmente reducir a síntesis. Estas funciones alcanzan su más alto nivel en el hombre.

*La estereotipia*

Si estímulos distintos que comportan reacciones diferentes se repiten a intervalos regulares durante un tiempo relativamente largo, se establece en cierto modo una cadena de condicionamientos sucesivos (suena el despertador, me levanto, me pongo las zapatillas, voy al cuarto de baño, me lavo los dientes...). Si alguna vez se empieza la cadena sin poder continuarla, el resto de las reacciones sigue no obstante establecido pese a haber saltado un eslabón de la cadena. ¿Quién no conoce a ciertos individuos condicionados así por estereotipia durante todo el día, pase lo que pase?

*La motivación*

Para que la campana desencadene el proceso de insalivación en el perro, se requiere una condición: que el perro tenga hambre, es necesaria la presencia de una motivación fundamental. Se denomina motivación primaria a ese estado intermedio causado por la privación y determinante del comportamiento, o también a la propensión general a actuar que caracteriza a un organismo en estado de necesidad biológica. Es preciso añadir que la motivación no lleva sólo a un aumento difuso de la reactividad, sino también a una selección de ciertas estimulaciones privilegiadas ante las que el organismo reacciona de manera especial.

Es, pues, indudable que motivación primaria y necesidad son cosas estrechamente relacionadas; pero la necesidad es un estado del organismo (falta de glucosa en la sangre, por ejemplo), mientras que la motivación es

un estado del sistema nervioso resultante de esa necesidad y susceptible de empujar al organismo a una actividad.
Esta motivación, o más exactamente el deseo de atenuar la sensación de hambre, puede considerarse como un elemento reforzador del condicionamiento (el hambre es el móvil, el deseo de atenuar la sensación de hambre refuerza el estímulo en acción).

Se clasifica generalmente las motivaciones en motivaciones aperitivas —que engendran comportamientos de búsqueda— y motivaciones aversivas, que inducen comportamientos de huida.

### Cuando la falta de estimulaciones engendra una motivación

En las esferas superiores, particularmente en el hombre, la motivación podría ser simplemente la falta de estimulaciones. Así, en los vuelos interplanetarios se ha podido observar que los cosmonautas encuentran dificultades en adaptarse a la falta de ellas.

Es de advertir que cuanto más aumenta la motivación más decrece el discernimiento: así, cuanto más hambre tiene el perro por el retraso en el tañido de la campana (estímulo condicionado), menos diferencia los sonidos que se utilizan●.

● Otro tanto ocurre en el condicionamiento instrumental. Conocemos en el hombre estados de tensión, de «enervamiento» y hasta de «enloquecimiento» provocados por necesidades agudas, que llevan la motivación a un umbral crítico determinante de una pérdida de discernimiento y diferenciación con desadaptación motriz, torpeza, obnubilación intelectual y verbal. Los estudiantes, en los momentos de examen, conocen bien estas tensiones.

### La motivación primaria y secundaria se interpenetran a menudo

Acabamos de ver las motivaciones llamadas primarias vinculadas a la necesidad, entre las que se puede colo-

car el hambre, la sed, el sueño, el instinto sexual, etc. Pero hay que considerar también las motivaciones llamadas secundarias, que pueden definirse como una «incitación a actuar» adquirida por condicionamiento o aprendizaje. Así, el hambre por ejemplo, corresponde sin duda a una necesidad primaria, pero también a un condicionamiento a las horas de las comidas. Si la fuga (huida ante el peligro) puede considerarse como una motivación primaria, la evitación (preservación del peligro), en cambio, debe más bien considerarse como una motivación secundaria movida por el miedo al estímulo desagradable. Finalmente, la motivación puede considerarse también como el elemento reforzador del condicionamiento secundario. Una vez que el tañido de la campana ha desencadenado la insalivación, cabe hacerlo preceder por otro estímulo (un cuadrado negro, verbigracia). Durante cierto tiempo este estímulo, que nunca ha anunciado la aparición de la carne, hará también insalivar al perro hambriento.
En resumen, el elemento determinante en el mecanismo del condicionamiento es el refuerzo: es en función de éste como el organismo añade nuevas actividades o, al contrario, las suprime. La extinción, por su parte, permite al organismo constatar las modificaciones aparecidas en una situación dada y adaptar su comportamiento.

## EL CONDICIONAMIENTO EN EL HOMBRE

Las características que hacen del hombre un ser que piensa y actúa, cualitativamente distinto de los animales, desempeñan necesariamente un papel en su manera de condicionarse. Pero el condicionamiento clásico tiene en el hombre un puesto más importante de lo que generalmente se cree. En efecto, todos los móviles son socialmente condicionados: la educación complica y aquilata las pulsiones primitivas.

Por ejemplo, el impulso afectivo se complica por la contención y se perfecciona por las reglas del trato social. El condicionamiento es asimismo evidente en el campo de la vida vegetativa (horario y orden de las comidas). Sin embargo, si en el niño la reacción condicionada se establece prácticamente de la misma forma que en el animal, no ocurre otro tanto en el hombre. Cuanto más adulto se hace, más aumentan las dificultades: es preciso, por ejemplo, que el sujeto «no se dé cuenta», algo así como si fuera preciso sustraer la facultad condicionada del sujeto a su consciencia, su pensamiento, su voluntad, etc. De ahí la importancia de los procedimientos condicionantes utilizados con el hombre, como la publicidad (repetición de los estímulos, excitación sensorial, utilización de la moda, ponderación de la necesidad, reforzamiento verbal, etc.) •.

• Otro tanto ocurre con el condicionamiento instrumental que es igualmente muy importante en el hombre, pero más complejo.

**El condicionamiento interviene en la actividad lingüística...**

¿Es la actividad voluntaria radicalmente distinta del condicionamiento? Muchos psicólogos piensan que no, pero la experimentación no ha sido aún suficiente en este campo. Parece, no obstante, que el camino de la investigación de las actividades superiores pasa por el estudio objetivo del lenguaje. Se ha visto hasta qué punto el fenómeno de generalización semántica desempeña un papel fundamental en el lenguaje, y cómo su aprendizaje en el niño debe hacerse en parte gracias a ese fenómeno, que se aplica también al condicionamiento de segundo orden, desarrollado y profundizado por Skinner y la escuela behaviorista americana. Cuanto más avanza el niño en edad, más se va sustituyendo la generalización fonética por la generalización semántica, ocupando los sinónimos el puesto de los homónimos: si se establece una reacción de placer (sonreír, por ejemplo) ante la palabra «flor», poco a poco la palabra «rosa» o la palabra «pétalo» pueden desencadenar también esa sonrisa. Las palabras permiten el manejo ideal de los objetos en su ausencia. Cuanto más corrientes son las palabras, más se refuerzan, al ser utilizadas a menudo. Las leyes del condicionamiento han podido ponerse de relieve en el aprendizaje del lenguaje en el niño, pero también en el adulto, sobre todo cuando aprende lenguas extranjeras, con el refuerzo, la generalización, el discernimiento, etc.

**... y en la formación de las opiniones llamadas personales**

De igual modo, en las asociaciones verbales observamos en gran parte los mecanismos condicionados. Estas diferentes constataciones han permitido la investigación de la experiencia psicológica del individuo y se han utilizado en el diagnóstico de los casos patológicos. Por ejemplo, la palabra «corazón» puede inducir en ciertos sujetos la palabra «amor», y en otros, neuróticos y angustiados, la palabra «infarto». Desgraciadamente, desde un punto de vista puramente condicional, los estudios aún no han progresado lo suficiente. No es posible separar los mecanismos del condicionamiento de los mecanismos de las actividades superiores del pensamiento. Existe una diferencia cualitativa entre los dos mecanismos, pero ciertas actividades superiores responden también a los mecanismos del condicionamiento. Quedan aún por hacer muchas investigaciones en este campo; porque es cierto que, aun en las opiniones más personales y más «libres», puede detectarse la huella del condicionamiento familiar o social.

## SOFROLOGIA Y REFLEJOS CONDICIONADOS

Acabamos de hacer un recorrido por la apasionante cuestión de los reflejos condicionados. La sofrología, basada en la fenomenología, puede ser el nuevo medio de estudio de los fenómenos de condicionamiento. La sofronización, por su parte, utiliza estos mecanismos para la aplicación, el aprendizaje y la eficacia de sus métodos.

En efecto, en la base de toda sofronización se halla el Terpnos Logos•, que puede considerarse como un estímulo neutro que comporta una reacción de bienestar a través de la relajación muscular y mental.

• Ver pág. 76.

La acción del Terpnos Logos puede compararse con una estimulación débil y monótona tendente a poner los centros nerviosos interesados en un estado de inhibición que irradia progresivamente a partir del centro auditivo. La relajación muscular implica una supresión masiva de las señales que excitan el córtex. Intervienen paralelamente la acción del sofrólogo a través del Terpnos Logos, y la acción del propio sofronizado sobre su tono muscular, para la obtención de esa extinción o inhibición consistente en una borradura activa de los condicionamientos previos, instaurando en cierto modo una pausa que permite el análisis: el organismo puede constatar que la situación vital es distinta de lo que era anteriormente, y puede adaptar su comportamiento a las nuevas condiciones. Es, en suma, un análisis temporal. Hemos visto que la inhibición permitía corregir la adaptación del organismo a su entorno, frenar e incluso anular hábitos perjudiciales y modificar los más adaptados. El análisis y su mecanismo, la inhibición, parecen ser las componentes esenciales de la inteligencia.

### Cuando el condicionamiento sirve... para el descondicionamiento

Aparte de esta inhibición, las técnicas sofrónicas utilizan el fenómeno de la reacción condicionada en su aprendizaje. En efecto, el entrenamiento sofrónico es muy importante, porque tiende a instaurar en el sujeto una nueva reacción ante el suceso, es decir, en cierto modo, una extinción reflexiva espontánea que favorece el análisis.

Las otras características del mecanismo condicional, como la generalización, el discernimiento y la motivación, pueden aplicarse también a la sofronización.
La generalización puede ponerse de manifiesto durante un proceso de sofronización, con un sujeto ya entrenado, utilizando una lengua extranjera. Bastará entonces que el sofrólogo emplee el Terpnos Logos con su ritmo, la voz suave y monocorde, para obtener el mismo resultado, es decir, el estado sofrónico. Se han realizado experiencias con sujetos desconocedores de las lenguas utilizadas, lográndose excelentes resultados. Esta generalización también puede aplicarse a la reacción misma: bastará que un sujeto entrenado empiece su propia sofronización, para que consiga llegar rápidamente a un resultado sin pasar por todas las etapas iniciales. De hecho, el mismo entrenamiento tiene como objetivo lograr una reacción de relajación rápida ante cualquier suceso stressante, en el sentido de establecer una vinculación condicionada no temporal sino permanente gracias a la extinción, fenómeno que a su vez responde a la generalización.

A través de ella es como puede explicarse que los ruidos exteriores parásitos, al igual que los pensamientos parásitos interiores, no consigan molestar ya al sofronizado desde el momento que concentra una atención suficiente a la vez en la audición del sofrólogo y en la relajación muscular, únicos estímulos positivos aceptados para la obtención del nivel sofroliminal.

### Los resultados obtenidos varían proporcionalmente a la motivación

Por último, la motivación es en el hombre un elemento esencial. De hecho, si en la experiencia clásica de Pavlov el hambre era necesaria para lograr una reacción condicionada de insalivación, el hambre de bienestar es igualmente necesaria para el logro de un buen resultado a través de la sofronización. Por nuestra parte, hemos advertido que cuanto más nerviosos, angustiados o tímidos eran los sujetos, tanto más rápidos eran los resultados, porque la motivación resultaba evidente. Cuando esta motivación no es tan fuerte, adquiere un carácter primordial la explicación del método, de los objetivos que se intenta alcanzar y de la alianza sofrónica•.

• Así, entre los atletas que hemos tenido ocasión de entrenar con métodos sofrónicos, ha sido preciso despertar primero en ellos una motivación suficiente para poder conseguir los resultados apetecidos.

En resumen, si no es cuestión de reducir aquí la sofronización a un simple mecanismo de condicionamiento, porque la complejidad del psiquismo humano impide tal simplificación, no es menos cierto que el empleo de los fenómenos de reacción condicionada con una finalidad positiva, mediante el uso de todas nuestras facultades, tiene aquí una parte de su justificación.

# III
# Las técnicas sofrónicas

# Los métodos pasivos

Todas las técnicas se desarrollan según una misma codificación. Tras el preámbulo necesario de la anamsesia •, el sofrólogo propone al paciente el método, le explica su proceso, su duración (diez minutos en la mayoría de los casos); le informa de la grabación magnética en cassette, a fin de que el paciente pueda utilizar este medio para su entrenamiento diario en casa. Una vez aceptadas estas modalidades, es decir, cuando se ha establecido la alianza sofrónica, el sofrólogo realiza una sofronización simple (que vamos a describir), a la que añade en el curso de las sesiones ulteriores métodos de activación intrasofrónicos, lo que significa que utiliza el nivel sofroliminal obtenido por la sofronización simple para, siguiendo siempre el principio de la acción positiva, activar el potencial y las capacidades subyacentes del sujeto. Concluido el método, realiza la desofronización, y acaba el entrenamiento con los comentarios postsofrónicos.

• *anamnesia:* interrogatorio referido al pasado personal y familiar del paciente, a su situación socioprofesional y a sus motivaciones en cuanto a la aplicación de las técnicas propuestas.

Se puede, pues, establecer un resumen cronológico, que será aplicable para cada método:

— anamnesia,
— explicación del método,
— aceptación del plan propuesto,
— sofronización simple,
— activación intrasofrónica,
— desofronización,
— comentarios postsofrónicos.

## LA SOFRONIZACION SIMPLE

Se desarrolla en dos tiempos: relajación física y relajación mental.

### RELAJACION FISICA

El sujeto se coloca en una postura lo más cómoda posible, generalmente tumbado en las técnicas llamadas estáticas, pero puede adoptar también otra postura a su gusto, sentado y hasta de pie. El sofrólogo le pide que respire profundamente una o dos veces y que cierre los ojos• a fin de facilitar la concentración. Entonces puede comenzar la relajación propiamente dicha.

• Si esto no le molesta, porque hay personas que tienen problemas en cerrar los ojos, sobre todo al comienzo del método.

**La relajación afecta progresivamente a todos los puntos del cuerpo**

El sofrólogo pide al sujeto que empiece por la cara, es decir, que fije su atención en ella, que la contemple mentalmente distendiendo todos los músculos: los de la frente, de los párpados, de las sienes, de las mejillas, de las mandíbulas, del interior de la boca, de la lengua. Le pide que se concentre, no sólo en la distensión progresiva de todos sus músculos, sino en las distintas modificaciones percibidas a lo largo de la descontracción•, e incluso en cualquier otra percepción muy personal. El examen minucioso de estas percepciones facilita grandemente la concentración y la eliminación de los pensamientos o imágenes parásitos.

• Por ejemplo, en el nivel de la frente puede haber una especie de aplanamiento de los pliegues, de las arrugas, mientras los párpados siguen moviéndose imperceptiblemente; en el nivel de las mejillas puede sentirse una especie de estiramiento de la piel y, al descontraer los músculos maxilares puede ocurrir que la boca se entreabra, etc.

Luego el sofrólogo pide al sujeto que fije su atención en la región del cuello, de la nuca y de los hombros, y que relaje los músculos correspondientes, advirtiendo a medida que aparezcan las diferentes sensaciones provocadas por la relajación muscular, y las respuestas percibidas a nivel de los puntos de apoyo (aquí nuca y hombros) sobre el plano donde el sujeto se halla tendido (cojines, diván, cama, alfombra, suelo, etc.).

A continuación le pide que sienta bien toda su espalda,

sus hombros, sus omoplatos, toda su columna vertebral, su caja torácica, la región lumbar, su pelvis, relajando al mismo tiempo todos sus músculos, algo así como si su espalda se extendiese adoptando las formas del plano sobre el que se halla tumbado. Al descontraer de esta forma los músculos de la espalda, el sujeto puede sentir que descontrae al mismo tiempo los músculos del tórax, del pecho.
Descontrae igualmente los músculos abdominales, el vientre, y sobre todo la cintura, la banda abdominal. Luego el sujeto fija su atención en los brazos y los abandona completamente, tratando siempre de percibir las distintas sensaciones, sean cuales fueren, a nivel de las manos, los antebrazos, los codos, los brazos y los hombros.

Mientras prosigue la descontracción de los brazos, fija su atención en las piernas, tratando de visualizarlas mentalmente, al par que va relajando poco a poco sus pies apoyados sobre los talones, las piernas con punto de apoyo en las pantorrillas, las rodillas que parecen formar un puente, los muslos, los glúteos, toda la pelvis, la espalda. El sofrólogo acompaña con su Terpnos Logos al sujeto en esta «lectura del cuerpo», ayudándole en su descontracción progresiva y en su concentración.

## RELAJACION MENTAL

Una vez alcanzado este estado de relajación física, y mientras el cuerpo sigue distendiéndose, regenerándose y recuperándose, el sofrólogo propone al sujeto que ponga igualmente en reposo su sistema nervioso, su psiquismo, dejándose llevar suavemente hasta el fondo de sí mismo, a esa zona de consciencia intermedia entre la vigilia y el sueño, lindante con el sueño mismo. Para ello el sujeto empieza por imaginar el adormecimiento, y se deja sumergir tranquilamente en esa zona que parece a menudo más sombría, al modo como si los globos oculares se dirigiesen hacia abajo «contemplando» el interior de la nariz. Y continúa este descenso advirtiendo siempre las modificaciones percibidas: oscurecimiento y luego modificación de los colores, «alejamiento» de los ruidos externos, que ya no molestan sino, al contrario, permiten apreciar la calma que se instaura en el interior. Profundizando más aún este descenso, el sujeto llega a esa zona de consciencia lindante con el sueño, que es extraordinariamente rica tanto desde el punto de vista de la percepción como desde el punto de vista de la acción. El sofrólogo puede entonces pedirle que tome nuevamente consciencia de su cuerpo tal como allí se encuentra, distendido, «lejano», a la manera como si sintiese su regeneración. El sujeto puede igualmente advertir el bienestar profundo, casi palpable, en que se halla.

El sofrólogo puede indicarle que cada vez que ponga en práctica este método sencillo y natural, no sólo permitirá a su cuerpo recuperarse como lo hace en ese momento, y a su sistema nervioso volverse equilibrado, sino que también y sobre todo dinamizará sus capacidades, su potencial subyacente, su dominio, su lucidez, en una palabra, toda su personalidad.

**Toda sofronización comprende una desofronización**

La sofronización concluye, tras un silencio de uno o dos minutos, con una desofronización que abarca cuatro tiempos:
— una respiración profunda durante la cual el sujeto «vuelve a subir» a la superficie;
— ciertos movimientos con los pies, las manos y el

rostro, que permiten una recuperación de estos tres puntos del cuerpo;
— una recuperación progresiva de toda la tonicidad muscular del cuerpo extendiendo las piernas, los brazos, la espalda, el cuello; el sujeto puede estirarse como si acabara de pasar una noche excelente;
— por último, la apertura de los ojos.
Esta desofronización irá seguida de un diálogo, durante el cual el sofrólogo pedirá al sujeto que comente la experiencia que acaba de vivir. Los comentarios son muy importantes, porque permiten exponer los momentos particularmente agradables de la sofronización, puntos que podrán repetirse con ocasión de las sofronizaciones siguientes•.

• Determinado sujeto habrá sentido de entrada una descontracción rápida y agradable de los brazos o las piernas o de otra parte del cuerpo, que podrá ser para él un medio de acelerar el proceso de descontracción.

Esta descripción se refiere a la sofronización simple que, una vez grabada, servirá de base para el entrenamiento que el sujeto realizará dos o tres veces diarias, preferentemente antes de las comidas, a fin de que la somnolencia posprandial (post-comidas) no venga a perturbar la concentración. Este entrenamiento podrá continuarse durante una semana. Luego el sujeto pasará a los ejercicios que utilizan la activación intrasofrónica.

## LA ACTIVACION INTRASOFRONICA

Esta activación se realizará progresivamente con ayuda de los ejercicios descritos por Schultz. La semana siguiente a la sofronización simple, el sofrólogo procederá de nuevo a una sofronización igual, a la que añadirá la percepción de la pesadez cuando el sujeto se encuentre en el nivel sofroliminal: pesadez de todo el cuerpo, empezando por la nuca, la espalda, los brazos, las piernas; pesadez que es el resultado perceptible de la relajación muscular, es decir, de la hipotonía muscular. Tras una semana de entrenamiento se incorporará el calor, que no es una visión del espíritu sino una realidad: en efecto, la descontracción muscular conlleva una descompresión de los músculos sobre los vasos, con la consiguiente dilatación de estos últimos y la natural mejora de la circulación sanguínea, que se traduce en una agradable sensación de calor, susceptible de manifestarse igualmente en forma de picores, sobre todo en el dorso de las manos.

Una vez adquirida la percepción de la pesadez y del calor, el sujeto se entrenará aún durante una semana en la percepción de los latidos cardíacos, ayudándole el sofrólogo a sentir cómo su corazón late sosegadamente•.

• Esta activación ha de evitarse en ciertos sujetos aquejados de ansiedad, para quienes el corazón es sinónimo de enfermedad cardíaca; de ahí la importancia ya señalada de la anamnesia.

La semana siguiente el sujeto se entrenará en la activación intrasofrónica de la respiración, ejercicio particularmente importante que permite la toma de conciencia de ese elemento esencial que es la relajación. En efecto, la descontracción de la espalda permite una distensión del tórax, pero también del abdomen, y facilita los movimientos del diafragma: así el sujeto puede sentir que su respiración se libera poco a poco de todas las constricciones musculares, que el aire parece entrar y salir más fácilmente; puede también darse cuenta de su respiración abdominal. Ahora bien, esta facilitación respiratoria es muy importante, porque puede servir de vehículo a una mejor relajación mental: cada vez que espira, el sujeto puede descender un poco más profundamente al borde mismo del sueño mediante etapas sucesivas, advirtiendo siempre este acompañamiento respiratorio de la relajación mental•.

• Es frecuente constatar esta modificación respiratoria en el sentido de una liberación, a través de uno o varios suspiros, por ejemplo, durante la sofronización.

Pasadas cinco semanas de entrenamiento con la sofronización simple y las activaciones que acabamos de

ver, el sofrólogo añadirá la activación intrasofrónica de la percepción del calor a nivel abdominal, en el hueco del estómago, en la zona del plexo solar. Esta percepción es también importante, puesto que corresponde igualmente a una mejor circulación sanguínea, a una mejor irrigación del estómago, del hígado, de los riñones, de las glándulas suprarrenales, del páncreas, etc., acompañada al mismo tiempo de una especie de aumento de los espasmos, sobre todo a nivel del intestino (es frecuente oír algunos borborigmos o ruidos emitidos por el intestino). El sujeto siente entonces un calor difuso, irradiante, muy agradable en todo el vientre.
Cuando el sujeto se haya entrenado mediante la sofronización simple y haya sentido bien las diferentes activaciones de la pesadez, del calor, eventualmente de los tranquilos latidos de su corazón, de la facilitación respiratoria y del calor difundido a partir de su plexo solar, estará en condiciones de intentar percibir la frescura de su frente. Conviene advertir que la activación intrasofrónica de estas cinco percepciones es una codificación del método, pero que no es indispensable que el sujeto perciba la totalidad de estas percepciones para obtener una buena relajación física y mental. Se dan a menudo casos en que la percepción de una o varias sensaciones se halla ausente, mientras que el diálogo permite constatar que el sujeto está perfectamente relajado. A veces estas sensaciones se sienten espontáneamente desde la primera sofronización simple, sobre todo en cuanto a la percepción del peso de los miembros, y del calor con sus picores en el dorso de las manos: entonces se puede pasar desde el principio a las etapas siguientes.

## LOS RESULTADOS

Los resultados de esta sofronización simple son sorprendentes debido, por un lado, a la toma de conciencia del sujeto respecto de sus propias facultades de concentración, que le permiten descubrir (o más bien redescubrir) su cuerpo —tanto desde el punto de vista del esquema corporal como de las percepciones sensoriales—; y, por otro lado, debido a esa «contemplación» interna a nivel sofroliminal interior. Esta serenidad, esta sensación de «paz total», es lo que el sujeto refleja a menudo durante el diálogo postsofrónico, y es indicativa del éxito (subjetivo) de una sofronización •.

El método de sofronización simple, con las diferentes activaciones intrasofrónicas, es la técnica de base de todos los otros métodos. Y, por otra parte, puede bastarse a sí misma en numerosos casos.

• Las investigaciones recientes que tienden a probar objetivamente el descenso del tono muscular a través de electromiómetros, el aumento de la temperatura cutánea, las modificaciones en el electroencefalograma, las variaciones de la tensión arterial y del pulso, etc., no pueden hacer otra cosa que objetivar estas distintas variaciones; pero es la sensación subjetiva de la obtención de esa paz sentida por el sujeto lo que constituye el criterio del éxito.

La señorita T. C. acude a la consulta porque le molesta un eritema (manchas rojas a nivel del cuello y las mejillas) que se le presenta cada vez que se halla frente a algún desconocido. Dice ser extremadamente tímida. Y, realmente, durante este primer encuentro se ve aparecer un eritema importante.

La primera sofronización simple le permite sentir la pesadez a nivel de los brazos, el calor a nivel de las piernas y sobre todo de las rodillas, la regulación de su respiración con un «desbloqueo» —dice— en el hueco del estómago, y la tranquilidad interior con el alejamiento de los ruidos exteriores. Por lo demás, se puede constatar objetivamente la desaparición de las manchas rojas, nada estéticas, en el cuello y las mejillas.

La práctica de esta sola sofronización simple ha bastado para curar completamente, al cabo de quince días, esa «enfermedad» benigna pero desagradable.
En lo sucesivo la paciente notó mayor seguridad, mayor dominio de sí, y encontró en las relaciones con los demás una nueva fuente de enriquecimiento para ella. Los resultados fueron, pues, excelentes, tanto desde el punto de vista objetivo con la desaparición de las manchas rojas, como desde el punto de vista subjetivo con la desaparición de la timidez.

Los métodos derivados de la sofronización simple con sus distintas activaciones intrasofrónicas, han sido clasificados por Caycedo en tres categorías:
— los que actúan sobre el presente: sofronización simple que acabamos de ver, sofrosustitución sensorial y sofrorrespiración sincrónica;
— los que actúan sobre la dinámica del futuro: sofroaceptación progresiva, sofrocorrección serial, protección sofroliminal y sofroestimulación proyectiva;
— y, finalmente, los que tienen por objeto una búsqueda orientada hacia el pasado: sofromnesia simple, sofromnesia libre y sofroasociación onírica.
Vamos a describir estos distintos métodos, así como algunas técnicas particulares más especializadas.
Es a nivel sofroliminal (situado entre la vigilia y el sueño) donde se vuelven a programar las sensaciones vividas activándolas positivamente.
Repitamos que la alianza sofrónica es un presupuesto indispensable para la puesta en práctica de cualquier sofronización, que se base en los tres principios de Caycedo.
— la realidad objetiva,
— el principio de acción positiva,
— el principio del esquema corporal como realidad vivida.

El orden que seguiremos en la presentación de los distintos métodos corresponde al orden utilizado durante un entrenamiento progresivo aplicado a cualquier sujeto:
— sofronización simple,
— activaciones intrasofrónicas,
— sofroaceptación progresiva,
— sofrorrespiración sincrónica,
— protección sofroliminal,
— sofrosustitución sensorial.
Los otros métodos que describiremos sólo se utilizan en casos muy particulares. Son:
— la sofrocorrección serial,
— la sofromnesia simple,
— la sofroasociación onírica,
— la sofroestimulación proyectiva.
En todos los casos el entrenamiento sofrónico y la alianza sofrónica concluirán con el método integral.

## LA SOFROACEPTACION PROGRESIVA

Una vez realizado el aprendizaje de la sofronización simple y de la activación intrasofrónica, se puede aplicar la sofroaceptación progresiva si la finalidad terapéutica lo precisa.
Como en todas las técnicas, el sofrólogo explica primero el método; luego, aceptando el plan propuesto, realiza una sofronización simple utilizando o no (a gusto del sujeto) las activaciones intrasofrónicas. Cuando se ha alcanzado el nivel sofroliminal, el sofrólogo pide al sujcto que imagine una situación positiva que pueda tener lugar en un futuro bastante próximo (en uno o dos meses, por ejemplo). Colocará esa situación en un marco ideal, a la hora del día que prefiera, tratando de «ver» mentalmente el mayor número posible de detalles (colores, objetos, atmósfera, etc.). El sofrólogo pide al sujeto que se introduzca él mismo en ese marco, solo o rodeado de personas que le agradan;

y, una vez imaginada esa situación, cuando haya detenido en algún modo esa diapositiva, lo indicará levantando el índice.
El sofrólogo le pide entonces que tome conciencia del estado de bienestar físico y moral en que se halla en esa situación, que aprecie las sensaciones agradables que puede sentir, las relaciones armoniosas existentes entre él y cuanto le rodea•.

• Esta situación puede ser totalmente libre, es decir, que el sujeto elige su marco, su situación, su decorado, o puede ser dirigida si el objetivo terapéutico lo requiere.

**Remplazar una sensación negativa por una sensación positiva**

Luego el sofrólogo invita al sujeto a interrumpir la contemplación de la imagen, a volverse nuevamente consciente de la relajación tanto física como mental, de la mejora de la distensión muscular y de la profundización del nivel de consciencia, en los mismos umbrales del sueño. Y recomienda al sujeto que siga entrenándose diariamente con ayuda de la grabación en cassette, invitándole a caer en la cuenta de que es capaz de sustituir con una sensación positiva la sensación negativa que eventualmente viene a perturbarle.
Este método concluye con una desofronización seguida del diálogo postsofrónico.

## LAS APLICACIONES

La sofroaceptación progresiva tiene como finalidad la activación intrasofrónica de la capacidad de percepción de lo positivo. Para esto utiliza la integración del esquema corporal existencial (bienestar) en relación con la situación representada (armonía con el entorno).
Las aplicaciones de este método son numerosas. Desde el punto de vista profiláctico•, la sofroaceptación progresiva ofrece un interés mayor, puesto que permite un autocondicionamiento libremente elegido hacia lo positivo e, inversamente, un descondicionamiento a la orientación sistemática hacia lo negativo, lo morboso.
No se trata de «fabricar optimistas», sino de impedir

• *profilaxis:* prevención de las enfermedades.

que acontecimientos exteriores vengan, sin nosotros saberlo, a condicionarnos hacia lo sombrío, hacia el «mal-estar».

Este método se utiliza sobre todo durante el entrenamiento encaminado a la preparación del parto. En su método, el Dr. Aguirre de Cárcer (cuyas estadísticas se basan en las veinte mil mujeres preparadas por él a la maternidad) pide a la futura mamá, en un primer momento, que vaya mentalmente más allá del período del parto propiamente dicho, y que se imagine en perfecto estado con su hijo en la cuna•. Luego, durante las semanas siguientes, la futura mamá se aproximará mentalmente a la fecha del parto, representado siempre en las mejores condiciones•.

Este método permite suprimir la angustia provocada no sólo por el temor a lo desconocido, sino sobre todo por el acontecimiento mismo del parto, que aún hoy se sigue dramatizando.

• Sus estadísticas le han mostrado que el sexo del niño es «visto» con exactitud en el 70 % de los casos.

• Nunca se hablará por tanto en los términos tradicionales, refiriéndose a los lugares y aparatos como la «sala de trabajo», el fórceps, etc.

**Desdramatizar las pruebas que aguardan**

Otra utilización de este método es la preparación psicológica de los deportistas. El sofrólogo pide a los atletas, por ejemplo la víspera de la competición, que se imaginen el acontecimiento bajo los mejores auspicios, que «vean» idealmente el marco en que se va a desarrollar la prueba, que se sientan en buena forma física y moral, y que piensen en la victoria. También aquí el condicionamiento negativo, el miedo a hacerlo mal y el nerviosismo se diluirán progresivamente para dar paso a una dinamización positiva.

El parto y el deporte son dos grandes indicaciones de este método, que podríamos calificar de método antinerviosismo, antimiedo al futuro.

Su utilización por estudiantes en la preparación de sus exámenes se ha revelado beneficiosa.

## LA SOFRORRESPIRACION SINCRONICA

Este método utiliza la respiración como vehículo de autocondicionamiento y sirve de base al método que describiremos en seguida: la protección sofroliminal del sueño (se combina la sofrorrespiración sincrónica y la sofroaceptación progresiva).

Cuando el nivel sofroliminal ha sido alcanzado por una sofronización simple, el sujeto se concentra en la respiración: una respiración libre, tranquila; y, cada vez que espira pronuncia una palabra elegida por él, palabra incitante a la tranquilidad, como «calma», «paz», «quietud», «armonía». Realiza este ejercicio durante un momento, y luego atenúa un poco más su nivel de vigilancia, hasta el borde mismo del sueño. A continuación realiza la segunda parte del ejercicio, que consiste en utilizar la espiración para pronunciar una breve frase que supone un proyecto positivo, dinamizante, como: «Mañana ganaré el partido», o también, «Mañana tendré éxito en mi examen». Tras un regreso al bienestar profundo del nivel sofroliminal, tiene lugar la desofronización y el diálogo postsofrónico, en que el sujeto manifiesta lo que ha vivido.

El joven M. C., de diecinueve años, acude a la consulta en un estado de gran pánico: su elocución es difícil, sus manos tiemblan, se encuentra tenso, se sienta en el borde de la silla. Al día siguiente tiene que enfrentarse a un examen para la obtención del permiso de conducir, que sufre por cuarta vez. Si lo obtiene ahora será elegido representante. Pide que le recete un tranquilizante. Yo le explico entonces los peligros de tal medicación, sobre todo en la conducción automovilística, y le propongo la relajación con el método de sofrorrespiración sincrónica. El acepta y se siente perfectamente distendido y a gusto después del ejercicio. Luego le pido que se entrene durante el día y que practique el método antes de presentarse al examen. Al día siguiente viene a verme con su permiso obtenido, y me dice que durante el examen teórico y la prueba práctica le había bastado concentrarse en su respiración para sentir la anhelada tranquilidad y la certeza de que «aquello iría bien».

## LA PROTECCION SOFROLIMINAL DEL SUEÑO

Antes de practicar este método es indispensable que el sujeto sea entrenado con la sofronización simple, y luego con la sofroaceptación progresiva y la sofrorrespiración sincrónica.
El sofrólogo pide al sujeto, en estado sofrónico, que se imagine el momento de acostarse por la noche en su casa, que detalle sus costumbres en ese momento, que apague luego mentalmente la luz, y que a continuación realice el ejercicio ya descrito, pronunciando una palabra («calma», por ejemplo) acompañada de la respiración en el momento mismo en que imagina dormirse, a fin de que esa calma reine en cierto modo sobre todo su sueño, tanto en el plano fisiológico (los mecanismos biológicos) como en el plano psicológico (los sueños). Este ejercicio se realizará durante el día, a fin de que se establezcan un autocondicionamiento y una aparición automática de la palabra elegida durante el adormecimiento real.

La segunda parte del ejercicio consiste en que el sujeto vea mentalmente despuntar el día, en que imagine su despertar, la hora de levantarse, y en que mencione, siempre en el momento de la espiración, el corto proyecto elegido. Así se establecerá de la misma manera un autocondicionamiento a levantarse «con buen pie». impregnándose la consciencia de este proyecto positivo que dinamiza el despertar.

Este método, practicado diariamente, parece poder remplazar con ventaja a los distintos somníferos, de efectos nocivos sobre todo en la frase paradójica del sueño•.

• Ver la ilustración adjunta.

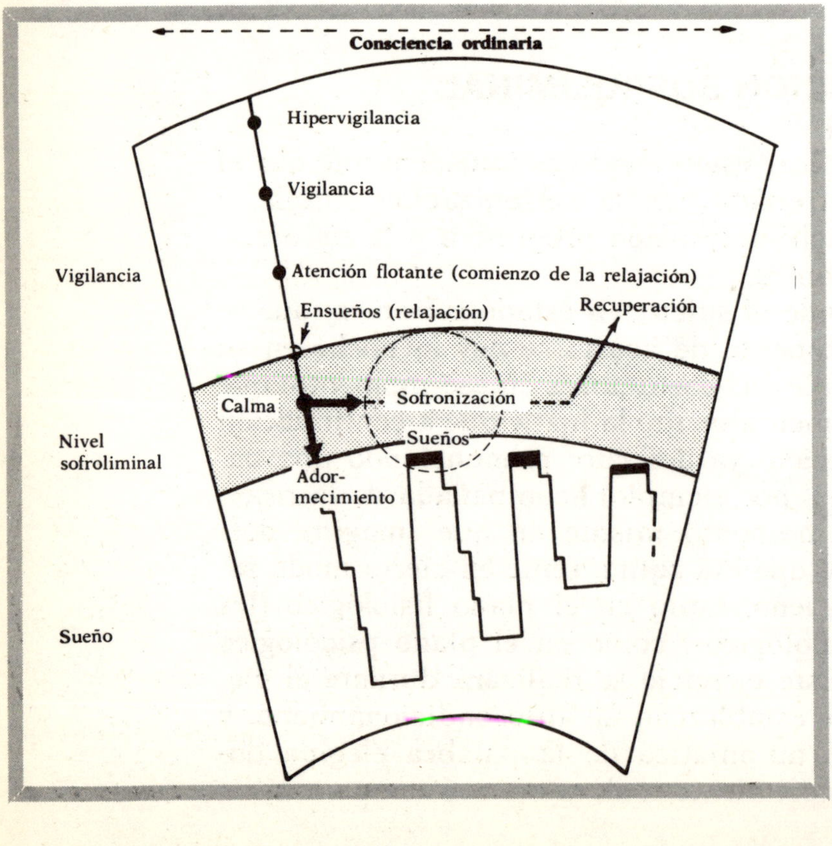

## LA SOFROSUSTITUCION SENSORIAL

Este método sólo podrá utilizarse después de un entrenamiento en los métodos precedentes, sobre todo la sofronización y la sofroaceptación progresiva.
Siempre según la misma codificación, y una vez alcanzado el nivel sofroliminal por una sofronización simple, el sofrólogo pide al sujeto que tome conciencia clara de una sensación espontáneamente sentida, por ejemplo el calor en una mano, y que indique esta percepción levantando el índice. Luego le invita a cambiar esta sensación de calor por otra, verbigracia una sensación agradable de frescor y hasta de frío. Si lo desea, puede utilizar imágenes como el frescor del agua que chorrea sobre su mano, el frío de la nieve, etc. E indicará esta nueva percepción levantando igualmente el índice. Siguen un retorno a la sensación normal,y luego una desofronización y el diálogo.

### LAS APLICACIONES

Este método es particularmente utilizado por los estomatólogos y dentistas sofrólogos como base para la obtención de una analgesia local: el frío sentido en las encías (que se comparan igualmente a la madera, que se dice ser insensibles como el cartón, etc.) ha permitido intervenciones como las extracciones y hasta las implantaciones, sin ayuda de un analgésico químico, dándose además una hemorragia menor y una mejor cicatrización.
La sofrosustitución sensorial es igualmente muy valiosa cuando se trata de remplazar una sensación desagradable, incluso dolorosa, por otra. Se utiliza en obstetricia para las episiotomías• sobre todo, y en kinesiterapia para suprimir las sensaciones desagradables debidas a las contracciones, por ejemplo•.

• *episiotomía:* operación consistente en practicar una o varias incisiones en el contorno de la vulva para impedir la ruptura del perineo durante el parto.

• Este método constituye asimismo la base de la sofrocorrección serial, que es utilizada por los psiquiatras sofrólogos en el descondicionamiento específico de las fobias. Ver pág. 148.

Los métodos que acabamos de describir entran en el marco de un entrenamiento sofrológico, que puede servir para el desarrollo del potencial humano y encontrar su justificación en sí mismo, o pueden ser utilizados con finalidades terapéuticas concretas.
En todos los casos ese entrenamiento concluirá con un método que ponga fin a la alianza sofrónica, y que Caycedo denomina «método integral».

## EL METODO INTEGRAL

Este método implica que el sujeto ha practicado ya las otras técnicas con el sofrólogo, que grabará una última cassette con elementos suministrados por el sujeto mismo. Este último indicará, por ejemplo, las percepciones mejor sentidas (pesadez de tal o cual parte del cuerpo, calor de tal otra, etc.) y las imágenes mejor percibidas, las más agradables. El sofrólogo podrá así integrar estos datos en las aspiraciones del sujeto relacionadas con su vida diaria (profesión, familia, etc.) y realizar así una sofronización «a medida». Es, en cierto modo, una sofroaceptación progresiva voluntaria y elegida, aplicable a diario.
Siguen, evidentemente, una desofronización y un diálogo postsofrónico.
Es inútil insistir en la importancia de este método, que deberá coronar cualquier terapia o cualquier entrenamiento profiláctico a través de la sofrología. El sujeto ya no tendrá luego necesidad del sofrólogo para seguir su entrenamiento personal y reencontrar su equilibrio.
Este método, pues, pone término a la alianza sofrónica.

Acabamos de ver los principales métodos estáticos, pasivos; pero Caycedo y otros sofrólogos, trabajando por separado en sus respectivos campos, han elaborado nuevos métodos más específicos de cada disciplina. Estos métodos son los que vamos a describir más brevemente. Se utilizan en el campo psiquiátrico.

## LA SOFROMNESIA POSITIVA SIMPLE

El sofrólogo pregunta al paciente, puesto en estado sofrónico a través de una sofronización simple, qué imágenes le sugieren las distintas edades de su vida: veinte años, quince años, diez años y cinco años. En cada caso el paciente ha de relatar lo que «ve» y precisar lo que más le agrada: las personas preferidas, las actividades elegidas, los marcos de vida favoritos (de ahí el nombre del método: sofromnesia positiva). Siguen una desofronización y un diálogo postsofrónico, que adquiere aquí una importancia especial: el sofrólogo pide al sujeto que describa nuevamente lo que acaba de vivir de manera cronológica, y que comente sus propias impresiones indicando siempre lo positivo de tales situaciones. Así se conocerá lo positivo de lo positivo.
Este método presenta un interés doble: para el sofrólogo, un mejor conocimiento del pasado y de la personalidad del sujeto; y para el paciente, poner él mismo al descubierto algunas de sus cosas desconocidas•.

• A veces resulta difícil obtener que ciertos sujetos rememoren recuerdos a la vez lejanos y precisos. En tal caso se le aplica para empezar el método de sofromnesia libre, en que el paciente trata de recordar libremente hechos remotos o no, y de describirlos. Realizando así una especie de entrenamiento, se podrá luego pasar a la sofromnesia positiva simple, que es más precisa.

## LA SOFROASOCIACION ONIRICA

Este método se basa en la imaginación y no en el recuerdo. El sofrólogo pide al paciente en estado sofrónico que se represente situaciones reales o imaginarias totalmente libres, y que las describa. Si la representación dura poco, el paciente debe imaginar algunas más. Sigue una desofronización y, durante el diálogo, el sofrólogo pide al paciente que repita las distintas imágenes vistas en el mismo orden cronológico.
Se trata sobre todo de un método de estudio.

## LA SOFROCORRECCION SERIAL

Es un método muy importante siempre en el campo de la psiquiatría. Se basa en el método de sofrosustitución sensorial•, que el paciente deberá previamente practicar asociado al método de sofroaceptación progresiva.

• Ver página 145.

Tras haber establecido con el paciente una especie de escala de descondicionamiento que va de la fobia menor (el paso por debajo de una escalera) a la fobia mayor (ascensor para un claustrófobo, por ejemplo)•, el sofrólogo le pide que realice una sofronización simple, y luego le invita a imaginar escenas al principio poco traumatizantes y después más, indicándole que puede en todo momento eliminar una impresión de angustia frente a una imagen sustituyéndola por una situación que se desarrolle en un marco particularmente agradable.

• La escala de descondicionamiento sólo se utiliza si la imagen negativa de la fobia es al principio mal tolerada.

Esta facultad de poder intercambiar las imágenes lleva poco a poco al paciente a poder imaginar sin temor situaciones relacionadas con su fobia. Siguen una desofronización y el diálogo postsofrónico.

Puede contatarse que, tras unas cuantas sesiones que se escalonan con una duración variable (de algunas semanas a varios meses) según la gravedad de la fobia y la personalidad del paciente, la realización efectiva de la acción anteriormente excluida o particularmente traumatizante, resulta de nuevo posible.

G. D., de treinta y tres años, es agoráfobo, es decir, que no puede salir solo a la calle o los lugares públicos y, sobre todo, no puede ir a correos. Tampoco le gusta estar solo en una habitación vacía, tiene miedo a conducir su vehículo y, en menor grado, no le gusta pasearse por un bosque ni por una montaña. En cambio, le gusta mucho encontrarse en familia en su pequeña casa de campo. Finalmente, es supersticioso, no sale nunca de casa ni emprende nunca nada un viernes 13.

El entrenamiento progresivo en esta gimnasia mental consistente en poder sustituir las imágenes negativas y stressantes (salir un viernes 13, para empezar) por imágenes agradables (un week-end en su casa de campo), le llevó en seis semanas a poder ir solo a correos sin el menor inconveniente.
Conviene notar aquí algo interesante: el entrenamiento progresivo aún no había atacado la fobia mayor, ir solo a correos; pero, una vez establecido el proceso de descondicionamiento, el paciente realizó solo su curación final.

En el campo de la kinesiterapia•, Victor Copin, enmetroterapeuta de Douai, ha elaborado el método de la sofroestimulación proyectiva. Esta técnica deriva de distintos métodos sofrónicos (sofroaceptación progresiva, sofrorrespiración sincrónica, segundo grado de la relajación dinámica de Caycedo) y de la relajación de Jacobson.

• *Enmetroterapia*, en la terminología sofrónica.

## LA SOFROESTIMULACION PROYECTIVA

A lo largo de este método el sofrólogo, tras haber formulado las condiciones y explicado el plan propuesto, dirige una sofronización simple. Luego, en la línea de la activación intrasofrónica, utiliza la sofrorrespiración sincrónica, haciendo que el sujeto realice movimientos de contracción y relajación musculares sincronizados con la respiración: inspiración-tensión, retención, espiración-relajación.
Esta técnica puede, en un primer momento, referirse al cuerpo en su conjunto, antes de ser aplicada de manera selectiva al miembro o miembros que es preciso reeducar. Se pide al sujeto que perciba claramente la sensación de distensión y recuperación en el momento de la relajación muscular. Los ejercicios se realizan en tres veces.

Luego se invita al sujeto a que se imagine en una situación posible a dos o tres meses vista, según la importancia de la redducación que ha de hacerse; situación muy agradable, muy positiva, en que habrá recuperado ya sus funciones motrices y se hallará en perfecta armonía psíquica. Esta técnica concluye con una desofronización y un diálogo.
Se podrá utilizar igualmente la grabación en cassette; pero es preferible, sobre todo al principio, practicar el método con el mismo enmetroterapeuta.

Y. M., de veintitrés años, ha sido dado de baja en la marina tras un accidente que le provocó una fractura de la tibia y una sección del paquete vasculonervioso de la safena (arteria y nervio de la pierna). El pie está totalmente paralizado, es insensible y tiene lesiones ulcerosas. A pesar de una reeducación clásica en Tolón durante dieciocho meses, no se ha notado mejoría alguna. La práctica de la sofroestimulación proyectiva permite constatar, en un primer momento, que el paciente no puede representarse mentalmente el pie afectado. Al cabo de tres semanas de entrenamiento empieza a ver su pie, y posteriormente cree poder moverlo, siendo así que no se observa movimiento alguno objetivo; por último, empieza a imprimirle movimiento. Paralelamente, las lesiones ulcerosas desaparecen y se reanuda la sensibilidad, con dolores bastante vivos al comienzo. Iniciado el tratamiento hace dos años, aún no ha concluido y cabe abrigar la esperanza de que la mejoría continúe. Y. M. utiliza una cassette con un método integral, donde se imagina andando por la playa, unas veces sobre la arena seca y blanda, otras sobre la arena mojada y dura, sobre conchas y finalmente en la mar.

A estos métodos conviene añadir la sofronización focalizada de Pérez Sloker, psicosomatista español, y la respiración dinámica relajante de J. Courchet, miembro de la Sociedad francesa de tuberculosis y enfermedades respiratorias, fisiólogo en Callas (en el Var), donde dirige una clínica especialmente adaptada a la reeducación respiratoria.

## LA SOFRONIZACION FOCALIZADA

La sofronización focalizada de Pérez Sloker tiende a desarrollar en el sujeto en estado sofrónico su capacidad de concentración, por ejemplo, en torno al órgano u órganos que se trata de estimular, gracias sobre todo a la hiperemia (mejor circulación sanguínea) provocada por la sensación de calor. El autor ha puesto de relieve la activación funcional de la glándula tiroides, de los riñones (aumento de la secreción urinaria) y del útero (reaparición de las reglas en mujeres aquejadas de amenorrea•). La lentificación del ritmo cardíaco es algo espontáneamente sentido por numerosos sujetos durante la activación intrasofrónica con concentración en los latidos del corazón, lentos y fuertes.

• *amenorrea:* ausencia de reglas.

## LA RESPIRACION DINAMICA RELAJANTE

La respiración dinámica relajante de J. Courchet comporta dos grados en las posiciones sentada, de pie y acostada, con diferentes movimientos orientados a la respiración, a los que el autor ha añadido un autocondicionamiento ideomotor, sirviéndose de medios visuales que estimulan la respiración y sobre todo la espiración, con las letras S.E.V.E. (soufflez, encore, videz, encore = inspire, más, espire, más) como medio de refuerzo•.

Este último método muestra que, aparte de los métodos estáticos, existen también métodos dinámicos, lo que Caycedo denomina relajación dinámica, la cual se divide en tres grados que vamos a estudiar.

• J. Courchet: *La respiration dynamique relaxante* (París, Maloine).

# Los métodos activos

La relajación dinámica es una técnica de sofronización individual y colectiva, de carácter dinámico, que utiliza como medios de activación intrasofrónica ciertos procedimientos inspirados en algunas técnicas orientales.

Los términos de relajación y dinámica pueden a priori parecer contradictorios. Sin embargo, parece que los distintos ejercicios que ponen en juego cierta contracción muscular pueden activar la profundización de la relajación mental, al hallarse el tono mental en estrecha relación con el tono físico, y recíprocamente •.

• Al bajar el tono muscular baja el tono mental por desactivación de la formación reticulada y por disminución del nivel de vigilancia.

Desde el punto de vista fisiológico, parece que estos ejercicios respiratorios implican una mejor oxigenación de las células cerebrales, gracias a los ejercicios que aumentan el ritmo respiratorio y, en consecuencia, la ventilación.

Los ejercicios que actúan sobre el plexo solar y sobre el plexo mesentérico, tienen una acción beneficiosa sobre las funciones neurovegetativas.

Conviene resaltar asimismo la acción de la sensación de recuperación y eliminación de tensiones tras los ejercicios de concentración muscular, al integrar también, los masajes circulatorios activadores, las sensaciones propioceptivas en el nivel de la conciencia y desarrollar así sus capacidades.

## Concentración, contemplación, meditación: los tres polos de la relajación dinámica

La relajación dinámica se divide en tres grados •. Es un método perfectamente estructurado, que permite al sujeto entrar en contacto directo con su mundo interior, como hacen las técnicas más clásicas del Oriente:

• Estos tres grados pueden practicarse consecutivamente o independientemente unos de otros.

— *El primer grado* realiza una aproximación sofrónica a las técnicas del yoga hindú. Se denomina igualmente «relajación dinámica concentrativa»; en efecto, el sofrólogo trata de que el sujeto se concentre en la percepción de la contracción de los músculos necesarios al movimiento del ejercicio y, sobre todo, en la sensación de recuperación tras el movimiento.

— *El segundo grado* realiza una aproximación sofrónica a las técnicas budistas, y se denomina «relajación dinámica contemplativa». La contemplación, según el concepto hindú clásico, consiste en que el objeto contemplado se mantenga sólo, mentalmente independiente de cualquier efecto de voluntad. El objeto de la contemplación, en este segundo grado, será el cuerpo mismo, como si la consciencia pudiera exteriorizarse y «ver» mentalmente el cuerpo.

— *El tercer grado,* o relajación dinámica meditativa, realiza una aproximación sofrónica a las técnicas del zen japonés•. Se inspira en el zen, pero no es el zen. De él se excluye, concretamente, todo ritual y todo carácter sagrado•.

• La expresión *aproximación sofrológica* significa que estos tres grados se inspiran en métodos orientales, pero no son los métodos orientales.

• Así, el que practica el zen lo hace en posición *zazen*, posición sagrada, sentado sobre el cojín sagrado. El tercer grado se practica por el contrario de forma totalmente desritualizada, en posición sentada, por ejemplo, sobre una silla y no sobre un cojín.

## El Neti-Krya

Antes de practicar la relajación dinámica propiamente dicha, se empieza siempre por hacer el Neti-Krya, que consiste en un lavado de la nariz con agua salada a la concentración aproximada del suero fisiológico y a la temperatura del cuerpo. El lavado se hace utilizando un recipiente vertedor llamado «kafa». El agua introducida por una fosa sale por la otra. El sujeto expulsa el agua residual soplando por la nariz varias veces mientras levanta y agacha la cabeza. Este ejercicio tiene no sólo la ventaja de lavar las fosas nasales, sino también de permitir luego una respiración mejor. Al pasar por las fosas nasales el agua actúa sobre las terminaciones del quinto par de nervios craneanos. Esta estimulación facilita la concentración mental.
Hay que subrayar también que la práctica del Neti-Krya desempeña un papel nada desdeñable en la integración de los grupos.

## RELAJACION DINAMICA DE PRIMER GRADO•

• Llamada relajación dinámica concentrativa.

El aprendizaje de este primer grado• se realiza en dos partes. La primera dura quince días a razón de tres sesiones por semana bajo la dirección del sofrólogo, aparte del entrenamiento personal diario. Cada sesión es de una hora. Al término de los quince días se añadirá la segunda parte, y todo ello se realizará durante otros quince días, antes de abordar el segundo grado.

• La descripción que vamos a dar de los tres grados es muy esquemática. De hecho, sólo la práctica permitirá al lector comprender y sentir el alcance y el sentido de los ejercicios.

Después de algunas explicaciones teóricas• y de algunas indicaciones sobre los movimientos a realizar, el sofrólogo pide a los sujetos que se pongan de pie alrededor de él.

• Papel de la formación reticulada, relación entre tono muscular y nivel de vigilancia, etc.

PRIMERA PARTE

1. Sofronización simple: el sofrólogo indica aquí los diferentes actos de una sofronización simple.

2. a) Calentamiento del cuerpo: los sujetos efectuarán movimientos respiratorios abdominales a un ritmo rápido (inspiración hinchando el abdomen, espiración contrayéndolo), primero con la cabeza recta y luego con la cabeza inclinada alternativamente hacia atrás y hacia delante.

b) Relax: el sofrólogo da a los sujetos instrucciones que les ayudarán a percibir mejor las sensaciones de recuperación. Por ejemplo, tras los movimientos de calentamiento, dice: «Ya saben las modificaciones que este ejercicio ha podido provocar (sensación de calor). Ahora se preparan a realizar ejercicios en un estado de consciencia profundo. Pueden abrir o cerrar los ojos, pero lo esencial es percibir la sensación de recuperación después del movimiento».

3. a) - Ejercicio respiratorio: los sujetos inspiran pro-

fundamente, se tapan la nariz con los pulgares y tienen la cabeza levantada. Luego expulsan de repente el aire con la cabeza hacia abajo. Este ejercicio se repite tres veces.
b) - Los sujetos reciben la consigna siguiente: «Abandónense a la percepción de la recuperación. Con su espiración déjense llevar hasta el borde mismo del sueño».

4. a) - Ejercicio respiratorio: los sujetos inspiran profundamente y retienen el aire, tapándose los oídos, la nariz y los ojos con los pulgares, dedos medios e índices (respectivamente) y manteniendo alta la cabeza. Luego expulsan el aire de repente con la cabeza baja. Este ejercicio se repite tres veces.
b) - Relax: los sujetos reciben la consigna siguiente: «Vayan descendiendo un poco más cada vez. Aprendan a percibir bien la sensación de recuperación».

5. a) - Ejercicio del cuello: teniendo conciencia clara de los músculos utilizados, los sujetos dirán «no» con la cabeza, luego «sí», y finalmente realizarán un movimiento circular. Intentarán dejar sueltos los músculos no indispensables.
b) - Relax después de cada movimiento: «Háganse conscientes de la sensación de recuperación, de las modificaciones aportadas por el movimiento, y déjense llevar a una profundidad mayor».

6. a) - Ejercicio del cuello: los sujetos deben contraer los músculos esternocleidomastoideos (músculos que unen el esternón, las clavículas y las mandíbulas).
b) - Relax: «Adviertan ahora esa sensación de calentamiento de la región tiroidea y capten la sensación de recuperación. Con cada espiración déjense ir llevando progresivamente hacia ese nivel que se halla al borde mismo del sueño».

7. a) - Ejercicio respiratorio: los sujetos inspiran profundamente, retienen el aire efectuando al mismo tiempo rápidos movimientos de los hombros hacia arriba, y luego lo expulsan. Este ejercicio es muy importante, pues permite la movilización del aire de reserva. Debe repetirse tres veces.
b) - Relax: «Adviertan ese bienestar cada vez más profundo que poco a poco se instaura dentro de ustedes».

8. a) - Ejercicio de los brazos: tras una inspiración con retención de aire, los sujetos darán puñetazos con los dos brazos tensos y espirando al mismo tiempo.
b) - Relax con los brazos tensos: «Háganse conscientes de la tensión de los músculos de los brazos, y dejen distendidos todos los demás músculos, especialmente los abdominales; respiren libremente». Esto ha de repetirse tres veces.
— Luego los sujetos plegarán y desplegarán los antebrazos sobre los brazos con las palmas hacia arriba. Relax.
— Finalmente, levantarán un brazo y después el otro hasta la horizontal, cerrando el puño lentamente. Relax.

9. a) - Ejercicio respiratorio: con el brazo derecho extendido hacia adelante, los sujetos inspiran por la boca cerrando el puño a la vez, retienen el aire mientras efectúan algunas rotaciones con el brazo, y espiran por la nariz lanzando el brazo hacia delante.
b) - Relax.
— Idem con el brazo izquierdo. Relax.
— Idem con los dos brazos. Relax.

10. Relajación en decúbito dorsal (posición extendida): se trata de una sofronización simple con concentración sobre un objeto natural (nube, flor, lago, etc.). Tras un

silencio de cinco minutos, el sofrólogo da la consigna siguiente: «Adviertan el bienestar profundo que sienten, la armonía. Cada vez que practiquen este método sencillo y natural, activarán todo cuanto hay de positivo en ustedes: el dominio de sí, la confianza».

11. Desofronización simple: retorno a la postura de pie.

Después de quince días de entrenamiento, los sujetos seguirán con los ejercicios, tratando de conservar en el espíritu el objeto natural de meditación que les ha servido de concentración durante la relajación en decúbito.

SEGUNDA PARTE

12. a) - Ejercicio de las garras: se trata de llevar al pecho las manos y los antebrazos tensos en forma de garras.
b) - Relax: «Advertirán la sensación de recuperación».

13. a) - Ejercicio del abanico: con las manos abiertas a la altura de las clavículas, plegar y desplegar las muñecas en forma de abanico. Repetir el mismo ejercicio con los puños cerrados.
b) - Relax: «Ayúdense de la sensación de recuperación para ir descendiendo cada vez más profundamente al compás de la espiración».

14. a) - Ejercicios abdominales:
— ejercicios respiratorios lentos, tres veces a lo sumo;
— ejercicios respiratorios rápidos, primero con la cabeza alta, luego con la cabeza baja, y finalmente con la cabeza inclinada.
b) - Relax: «Déjense llevar a su propia interioridad, manteniendo flotante la imagen del objeto natural que han elegido. Adviertan cada vez más la sensación de recuperación».

15. a) - Ejercicio del Nauli: inclinado hacia delante, con las manos en los muslos y la respiración bloqueada, efectuar movimientos abdominales de masaje visceral (repetir esto tres veces).
b) - Relax: «Adviertan una vez más las modificaciones aportadas por el ejercicio».

16. a) - Ejercicio del busto: con los brazos al aire y las manos juntas, el sujeto estudia el balanceo del cuerpo a derecha e izquierda.
b) - Relax.
El sujeto efectúa rotaciones axiales con los brazos flexibles.
b) - Relax.

17. Ejercicio de las piernas: el sujeto saltará, en el lugar donde está, sobre la punta de los pies, con el cuerpo relajado al máximo.

18. Gran relajación en decúbito (posición extendida): inmediatamente después del ejercicio anterior, posición en decúbito dorsal y profundización del nivel de vigilancia hasta el borde mismo del sueño, con concentración inmediata sobre el objeto natural.
— Posición en decúbito lateral recto, con una pierna ligeramente flexionada, el brazo derecho sosteniendo la cabeza y la mano izquierda apoyada sobre el muslo. Profundización, concentración y meditación en silencio.
— Posición en decúbito lateral izquierdo. Idem.
— Posición dorsal. Idem.

19. Desofronización simple.

La duración media de cada sesión de relajación dinamizante es aproximadamente de una hora, pero puede ser más breve si la personalidad del sujeto lo exige.

Bastará suprimir algunos ejercicios.
Este primer grado hay que practicarlo durante un mes al menos, antes de pasar a la relajación dinámica de segundo grado.

## RELAJACION DINAMICA DE SEGUNDO GRADO•

• Llamada relajación dinámica contemplativa.

1. Sofronización simple, el sujeto permanece de pie.

2. Sofrorrespiración sincrónica: el sujeto inspira levantando los brazos por encima de la cabeza y cruzando las manos. Retención de aire, haciéndose consciente de la actitud como si se viese desde fuera. Espiración lenta, bajando los brazos como si las manos dibujasen el esquema de la cabeza, del busto, del abdomen. Ha de repetirse tres veces.

3. Sentado sobre una silla, con las manos en los muslos:
a - El sujeto profundiza la relajación.
La respiración es libre. Consigna: «Déjese bajar a lo más profundo de su propio mundo, perciba bien la gravitación terrestre en todo su cuerpo, y sobre todo a nivel de los puntos de apoyo, los pies, los glúteos, la parte baja de la columna vertebral, las manos».
b - Consigna: «Nos percatamos de que tenemos la posibilidad de separar la consciencia del cuerpo. La consciencia puede ver nuestro cuerpo tal como está ahora, en su actitud y con la vestimenta que lleva. Puede también, distanciándose un poco más, ver el grupo y el lugar en que nos hallamos. Elevándose algo más «ensancha» el campo de su visión y puede ver nuestro cuerpo inmóvil, al grupo, el lugar, la ciudad, el país, el continente, el globo terrestre, con nuestro

cuerpo siempre allí. La consciencia es ilimitada, mientras que nuestro cuerpo es limitado».
c - Consigna: «Vamos a actuar como si nuestro cuerpo fuese objeto de nuestra atención, como si la consciencia envolviese nuestro cuerpo».

4. Respiración abdominal
— lenta
— rápida
tres veces seguidas.

5. Percepción de los cinco sentidos:
a - Sentido olfativo: toma de conciencia del aire a través de la nariz; temperatura cambiante del exterior hacia el interior al calentarse. Toma de conciencia de los olores.
b - Sentido gustativo: toma de conciencia del aire en la boca, la forma de la boca, la posición de la lengua, la insalivación.
c - Sentido de la vista: poniendo las manos sobre los ojos y con los codos sobre las rodillas, toma de conciencia del esquema de los globos oculares.
d - Sentido del oído: cubriendo los pabellones de las orejas con las manos en concha. Percepción del esquema a través del aire en las orejas.
e - Sentido del tacto: colocando las manos a ambos lados del asiento, toma de conciencia de la finura del tacto a través de la pulpa de los dedos y también a través de todo el cuerpo (vestidos).

6. Respiración sincronizada con los movimientos de la cabeza:
a - Inspiración con la cabeza hacia atrás;
retención: «vea la nueva posición de su cabeza»;
espiración lenta con regreso a la posición normal (tres veces).

b - Idem con la cabeza hacia delante (tres veces).
c - Relax: «Abandónese cada vez un poco más profundamente. Vea la actitud de su cuerpo».

7. Respiración sincronizada con los brazos:
a - Inspiración levantando lentamente el brazo derecho;
retención: «obsérvese su silueta así modificada»;
espiración bajando lentamente el brazo: «Vea el trayecto recorrido en el espacio por su brazo. Intente prever el momento en que su mano se posará sobre su rodilla».
Relax: «Su cuerpo es objeto de su contemplación».
b - Idem con el brazo izquierdo.
c - Idem con los dos brazos.

8. Respiración sincronizada con las piernas:
a - Inspiración levantando lentamente la pierna derecha;
retención: «trate de verse bien»;
espiración lenta: la pierna vuelve a la posición normal. Relax.
b - Idem con la pierna izquierda.
c - Idem con las dos piernas.

9. Respiración sincronizada con la tensión de todo el cuerpo:
a - Con las manos juntas detrás de la cabeza, inspiración con tensión del cuerpo, en arco y progresiva;
retención con percepción del nuevo esquema corporal;
espiración lenta y suave distensión;
b - Relax con respiración libre y profundización del nivel de vigilancia, hasta el borde mismo del sueño.

10. Desofronización simple.

11. Diálogo con el sujeto o con todos los sujetos.

## RELAJACION DINAMICA DE TERCER GRADO•

• Llamada relajación dinámica meditativa.

PRIMERA PARTE

1. Sentado en una silla, el sujeto adelanta los glúteos hasta el borde mismo de ella, con la espalda apoyada en el respaldo. El puño cerrado se coloca sobre el abdomen, entre el ombligo y el pubis, cubierto con la otra mano. La respiración se centra en el puño que fuerza la respiración; la concentración se hace sobre ese punto, centro del cuerpo.

2. Sofronización simple: el sofrólogo ayuda mediante el Terpnos Logos al sujeto a descontraer todos los músculos, manteniendo la concentración sobre esta respiración ventral baja y el puño cerrado; luego le ayuda a descender a esa zona de consciencia situada al borde mismo del sueño.

3. Posición anatómica: el sofrólogo pide entonces al sujeto (o al grupo) que separe la espalda del respaldo de la silla. La columna vertebral recupera su posición anatómica, con punto de gravedad lumbar y el vientre hacia delante.

4. Respiración sincrónica: inspiración lenta, ligera retención, espiración lenta acompañada del apoyo del puño.

5. Entreabertura de los ojos: el sofrólogo pide a los sujetos que entreabran los ojos, que fijen la mirada sobre el suelo a un metro aproximadamente de la silla, y que vean el mundo exterior sólo a través de una nube. Han de concentrarse sobre el punto subumbilical y sobre la posición del cuerpo.

6. Silencio (de uno a dos minutos).

7. Pensamiento: el sofrólogo añade un pensamiento en sinergia con las fuerzas subyacentes: «La sensación de las fuerzas vitales interiores».

8. Silencio (de tres a cuatro minutos).

9. Marcha: se pide a los sujetos que se levanten suavemente, que se coloquen unos detrás de otros bastante cerca, y que miren con los ojos entreabiertos fijando la vista en la espalda del anterior. La marcha empieza a pasos cortos sincronizados con la respiración.
— Respiran adelantando un pie.
— Retienen la respiración al posar suavemente y con firmeza el pie en el suelo.
— Espiran dejando que todo el peso del cuerpo apoye sobre ese pie, mientras el otro se limita a situarse a su lado. Esta marcha dura unos diez minutos.

10. Desofronización simple.

La primera parte del tercer grado podrá practicarse durante dos o tres semanas, antes de pasar a la segunda parte.

SEGUNDA PARTE

11. Sentados de nuevo, sofronización simple, posición anatómica y ojos semiabiertos.

12. Silencio: la duración del silencio va aumentando en el transcurso de los días.

13. Diálogo: el sofrólogo rompe ese silencio preguntando por ejemplo a un sujeto si respira bien.

14. El sofrólogo puede en este momento introducir una especie de sugerencia con una parte negativa, por ejemplo: «No hay que tener miedo al silencio o al ruido».

15. Silencio más largo: «Escuchamos los ruidos, somos los ruidos».

16. Los sujetos vuelven a una posición cómoda, apoyando de nuevo su dorso en el respaldo. Consigna: «Adviertan la agradable sensación de distensión dorsal, déjense llevar algo más profundamente hasta el borde mismo del sueño».

17. El sofrólogo propone a los sujetos meditar sobre su propia existencia, la de los demás, la naturaleza:
«Hay una simbiosis entre la naturaleza y el ser humano. La naturaleza está en nosotros, nosotros estamos en la naturaleza. Nuestra armonía depende de nuestro encuentro con la naturaleza. La vida debe ser natural».

18. Silencio.

19. Desofronización simple.

Esta relajación dinámica de Caycedo es un método que, debido a su sencillez de manejo y a su rapidez de aprendizaje, empieza a extenderse por distintos centros de sofrología, acreditándose como un arma de gran valor para la medicina de vanguardia.

# IV
# LAS APLICACIONES

# Las aplicaciones médicas

Numerosos autores afirman que el 70 % de las enfermedades actualmente catalogadas tienen o podrían tener un origen psicológico. No hablan solamente de los distintos síntomas expuestos por los enfermos a su médico, como las cefaleas, las astenias, las algias diversas y sobre todo vertebrales, las anorexias•, los insomnios, etc., sino de ciertas enfermedades cuya organicidad no ofrece duda, como la úlcera de estómago, el psoriasis u otros eczemas, el asma, etc.

• *anorexia:* rechazo o imposibilidad de alimentarse.

Aunque no estemos totalmente de acuerdo con el porcentaje adelantado por esos autores, podemos no obstante plantearnos algunas cuestiones en cuanto a la orientación actual de la medicina llamada tradicional. Esta medicina tiende a una especialización cada vez mayor, órgano por órgano en cierto modo, y parece ignorar cada vez más la unidad del hombre so pretexto de cientismo, mientras la psicología trata de encontrar más profundamente el origen de los males orgánicos.

Actualmente, sólo los casos en que ha fracasado la terapia tradicional se dirigen hacia otro especialista, el psiquiatra, que a menudo ignorará a su vez la unidad cuerpo-espíritu.

Fue el griego Hipócrates quien, junto con sus discípulos, rompió la unidad del cuerpo y el espíritu, haciendo a los médicos actuales fisiólogos ante todo. Esta separación de cuerpo y espíritu ha permitido sin duda realizar progresos en los campos anatómico, fisiológico, biológico y químico; pero, si no queremos ver al hombre estudiado y cuidado por pequeños fragmentos, con gran precisión sin duda pero des-

cuidando completamente su entidad, ha llegado la hora de restablecer esa unidad.
Otro peligro acecha al médico actual: la facilidad. Posee en efecto toda una panoplia de drogas eficaces contra la mayoría de los males que aquejan a sus pacientes: los analgésicos contra el dolor; los antibióticos contra las infecciones; los psicoestimulantes contra la fatiga o las tendencias depresivas; los moderadores de apetito y los diuréticos contra la obesidad; los somníferos contra los insomnios; los tranquilizantes contra la angustia y el nerviosismo, etc.
Los propios enfermos se dejan llevar de esa misma facilidad. Nada más tentador que tragar una píldora cuando algo anda mal. Con ello nos encaminamos a una despersonalización, a un rechazo de toda responsabilidad, a un abandono de todo compromiso. ¡No es necesario el guru cuando el médico receta la píldora!
Ante estos peligros, algunos médicos se preguntan en torno al fenómeno y tratan, sirviéndose de los conocimientos científicos adquiridos, de ver de nuevo al paciente no ya como una parte enferma o un órgano que padece, sino como un ser en estado de desequilibrio temporal.
La sofrología es uno de los caminos que mejor parecen responder a esas aspiraciones de renovación terapéutica y profiláctica, permitiendo dar a los pacientes medios para modificar su estado temporal de enfermos.

## SOFROLOGIA Y GASTROENTEROLOGIA

El campo de la gastroenterología es uno de los más aptos para la sofrología, que es una verdadera desconocida en el caso de las colitis espasmódicas, síntoma-refugio de los distónicos. Sin embargo, hay que insistir en el hecho de que, sin la ayuda del propio enfermo, el sofrólogo no podrá nada, por cuanto esos distónicos han acudido ya sin duda a varios especialistas y están habituados a que se atenúen sus molestias con un régimen desde luego, pero sobre todo con comprimidos que han de tomar antes, después o entre las comidas. Esta ingestión de medicamentos se ha

convertido en un rito, que tales enfermos abandonarán difícilmente. La práctica de la sofronización, en efecto, exige un esfuerzo personal más importante que la absorción de una píldora.
Otro tanto ocurre con la rectocolitis, reconocida actualmente como derivada de una causa psicológica probable, las esofaguitis no orgánicas, las anorexias, que a menudo guardan relación con un conflicto y que sirven de rechazo, y evidentemente la úlcera de estómago.

## SOFROLOGIA Y TRASTORNOS CARDIOVASCULARES

En el campo cardiovascular, la sofrología encuentra igualmente un ámbito muy amplio de aplicación. Experiencias recientes han mostrado su especial eficacia en la hipertensión llamada esencial, que se ve bajar progresivamente durante una sofronización simple, haciéndose el descenso cada vez más estable a medida que avanza el entrenamiento. La taquicardia es uno de los síntomas más fáciles de regularizar, bastando a menudo que el sujeto sepa «lentificar su corazón» para que aquélla tienda a no reproducirse más, como si el simple hecho de poseer el remedio impidiese la reproducción del síntoma.
Pero uno de los campos más interesantes es el de la profilaxis de enfermedades cardiovasculares, y sobre todo el infarto de miocardio, verdadera enfermedad de la civilización, consecuencia de stress repetidos. Es algo comprobado que un individuo entrenado en los métodos sofrónicos ya no reaccionará de manera tan negativa a las distintas agresiones.
Si esta profilaxis es en nuestros días algo difícil de conseguir a gran escala, podrían al menos incluirse en

la reeducación de los infartos métodos de sofronización que contribuirían a la profilaxis de las recaídas•.

• Ciertos trastornos circulatorios llamados menores, como la acrocianosis (manchas azuladas en las piernas), el síndrome de Raynaud (dedos gordos y blancos), el eritema púdico de las jóvenes, etc., reaccionan igualmente muy bien a la sofrología.

## SOFROLOGIA Y TRASTORNOS RESPIRATORIOS

Los resultados obtenidos por el doctor Courchet en casos de insuficiencias respiratorias crónicas, permiten abrigar las mayores esperanzas de reinserción social a esos disminuidos que son los bronquíticos crónicos, los asmáticos y los enfisematosos•.

• El doctor Courchet ha elaborado un método (la respiración dinámica relajante) derivado de la relajación dinámica de Caycedo y adaptado a la respiración, con condicionamiento mental del tipo S.E.V.E. (inspire, más, espire, más = soufflez, encore, videz, encore) para los enfisematosos, una especie de programación mental que tenderá a hacerse automática y puramente refleja. Ver pág. 151.

En la crisis de asma, la sofronización logra resultados excelentes sobre la angustia, elemento importante del desencadenamiento de la crisis.

Más aún, la simple toma de conciencia de la respiración durante el aprendizaje de los métodos sofrónicos es, para muchos, un descubrimiento cuya importancia merece subrayarse. Esta respiración, a menudo bloqueada con ocasión de un suceso stressante, puede ayudar al sujeto a liberarse si es consciente del bloqueo y si puede, mediante una especie de suspiro, encontrar de nuevo su independencia psicológica.

En lo que atañe al vasto campo de las algias, no nos bastaría este libro para describir todos los tipos de dolores-síntomas mejorados por la relajación. Un método como la sofrosustitución sensorial tendrá la doble ventaja de ayudar a soportar, a atenuar e incluso a desaparecer el dolor, y de reforzar ese potencial subyacente que, dinamizando la personalidad entera del individuo, le conducirá a controlar mejor sus problemas.

## SOFROLOGIA Y TRASTORNOS GINECOLOGICOS

En el plano de la ginecología, la obstetricia y la sexualidad, hemos podido aplicar los métodos sofrónicos con resultados que, si bien no han sido concluyentes en la

Una joven de treinta años cuyas reglas habían desaparecido desde hacía cinco años, vino a consultarnos. Había visto a muchos ginecólogos y había pasado tres años sometida a cura psicoanalítica. Ella sabía que esa amenorrea era debida a una insatisfacción sexual.
Nos trajo un voluminoso dossier que intencionadamente no quisimos conocer, por no ser ni endocrinólogos ni, menos aún, ginecólogos. Nos contentamos con enseñarle la sofronización simple, y luego un método de focalización en el que debía concentrarse sobre el calor sentido en la pelvis menor, a nivel del útero, de las trompas y de los ovarios. Al cabo de veintiocho días exactamente le volvieron las reglas. Desde entonces no sólo se ha restablecido totalmente su ciclo natural, sino que su insatisfacción sexual ha desaparecido.
Este ejemplo tan llamativo es evidentemente raro, pero permite captar el fenómeno psicosomático y las posibilidades que los métodos sofrónicos pueden abrir.

totalidad de los casos, pueden no obstante considerarse como muy positivos. Se dan ciertamente fracasos, pero nunca ha habido agravación como consecuencia de la práctica de métodos sofrónicos.

En general, no hay una receta tipo de aplicación de los métodos, pero puede respetarse cierta cronología en el aprendizaje progresivo:
1. Una sofronización simple.
2. Las activaciones intrasofrónicas de tipo Schultz: pesadez, calor, respiración, percepción de los latidos cardíacos, plexus solar y, finalmente, frialdad de la frente•.

• Es de advertir que esta percepción de la frente fría puede ser muy útil en las migrañas o jaquecas.

3. La sofroaceptación progresiva (que permite el aprendizaje de la imaginería mental).
4. El método específico del caso a tratar, como la sofrosustitución sensorial, pero sólo si cabe utilizarlo o con el fin de suprimir percepciones desagradables, o en el aprendizaje de la sofrocorrección serial en caso de fobias o de cualquier otro método contra la protección sofroliminal, la sofromnesia, etc.
5. Finalmente, la alianza sofrónica, concluida al fin de la terapia mediante la creación de un método personalizado, es decir, enteramente constituido por elementos que el paciente desea ver programados en un método final, gracias al cual podrá en adelante entrenarse solo: el método integral.

En este capítulo hemos intentado mostrar que la sofrología puede aportar a la medicina una nueva dimensión susceptible de hacer del médico no sólo un expendedor de recetas, sino un colaborador en la terapia individual o de grupo, donde el enfermo tiene también su parte de responsabilidad.

## SOFROLOGIA Y ESTOMATOLOGIA

La sofrología fue adoptada desde el principio por los dentistas, que han sido sus más fieles partidarios.
Ellos la promovieron al rango que hoy ocupa en las terapias modernas.
Es ya de tradición que el dentista hace daño. Esta fama, *a priori,* no engendra precisamente descontracción, y el dentista ha buscado siempre la manera de mejorar su imagen de marca atenuando o suprimiendo el dolor. Para convencerse de ello basta constatar el gran número de extracciones dentarias realizadas bajo anestesia general, procedimiento acaso tranquilizador,

pero no exento de peligro. También se utiliza la hipnosis, que halla aquí un empleo quizá más racional que en medicina, dado que la brevedad de su acción ya no constituye un inconveniente. Pero la fama y la intervención del hipnotizador refuerzan aún más la imagen ya inquietante del dentista, que preferiría en cambio mostrarse tranquilizador.
Y es aquí donde la sofrología puede resultar eficaz, dando otra dimensión a la relación dentista-paciente. Ante todo, es necesario que el dentista sea a la vez sofrólogo: esto no quiere decir solamente que sepa aplicar los métodos sofrónicos, sino también y sobre todo que esté entrenado en esos métodos y que haya adquirido aquel dominio del fenómeno que confiere la calma y la paciencia necesaria en el ejercicio de su arte. ¡Cuántos especialistas se irritan ante un niño que rehúsa los cuidados gritando y aferrándose a los brazos de su madre! Este enervamiento recíproco no hace sino convertir en más tensas aún las relaciones. Un dentista sereno, paciente, tendrá en cambio todas las posibilidades de establecer poco a poco un clima de confianza. El niño es un ser particularmente sensible, que percibe intensamente el estado o, mejor, el nivel de conciencia en que se halla su interlocutor, en este caso el dentista.

Ha de tenerse en cuenta un factor importante, el de que «no hay tiempo que perder». La objeción que hacen algunos dentistas se refiere a esos diez minutos que precisa la menor sofronización, diez minutos que su sobrecarga de trabajo no les permite consagrar a la preparación de los pacientes. Esta objeción pierde fuerza si la sofrología les permite modificar su propia actitud (lo que facilita ya grandemente la tarea), y si

han tenido cuidado de registrar una cassette de sofronización simple para el paciente, que así podrá entrenarse en su casa con miras a la distensión, provocando ésta él solo cuando entra en el despacho del dentista. La sofrología es, pues, ya muy útil para esa importante labor de la terapia que es el contacto, la relación entre el dentista y el paciente.
Son dos los métodos particularmente utilizados en estomatología y con resultados sorprendentes: la sofrosustitución sensorial y la sofroaceptación progresiva, métodos ya descritos en un capítulo anterior, pero cuyas posibles aplicaciones en este campo vamos a ver.

**Ciertas técnicas sofrónicas pueden evitar la anestesia**

*La sofrosustitución sensorial* se basa en la posibilidad de cambiar una sensación en otra. Cualquier sujeto entrenado puede realizar este cambio. Hemos visto el ejemplo de la sensación de calor transformada en sensación de frío que va acompañada de modificaciones circulatorias controladas. El dentista pedirá progresivamente al sujeto que sienta ese frescor a nivel de la boca, y luego a nivel de la misma encía. Para ello, puede sugerirle imágenes de agua fría, de hielo, etc. Las modificaciones son visibles a simple vista: palidez progresiva de la encía por vasoconstricción, enrarecimiento de la insalivación y, en el momento de la intervención, hemorragia atenuada con respecto a las intervenciones ordinarias. Se ha podido constatar igualmente que mejoraban las secuelas operatorias de esas intervenciones bajo sofronización: cicatrización más rápida, complicaciones menos frecuentes.
Hay que advertir no obstante que no todos los pacientes son capaces de alcanzar ese estado de analgesia: pero el dentista puede verificar fácilmente durante la sofronización si es necesario o no recurrir a un anestésico químico.

*La sofroaceptación progresiva* se empleará para hacer aceptar una prótesis. También aquí se han registrado notables éxitos. Esta técnica se utilizará ya durante los cuidados que preceden a la implantación de la prótesis. El dentista pedirá al sujeto que imagine una situación futura muy positiva, en un marco idealizado donde él se colocará, perfectamente a gusto tanto desde el punto de vista físico como psíquico, tratando de verse con su nueva prótesis plenamente adaptada a su boca. El paciente realiza así la integración progresiva de su nuevo esquema corporal. Así se irá familiarizando con la imagen de la sesión de implantación de la prótesis, que poco a poco habrá sido aceptada.

La sofrosustitución sensorial y la sofroaceptación progresiva tienen por objeto lograr resultados prácticos inmediatos o a medio plazo. Pero hay que mencionar igualmente los beneficiosos resultados secundarios que procuran al paciente. No es raro ver a sujetos que, mientras se entrenan con miras a la aceptación de una prótesis, advierten a su dentista de una sensible mejoría en su asma o en su úlcera de estómago; ni es tampoco raro ver desaparecer en un niño una enuresis tenaz mientras se entrena en la sofronización simple para no tener miedo al dentista.
Estos resultados secundarios sólo presentan un riesgo: el de ver que ciertos dentistas, entusiasmados por la eficacia de la sofrología, se transforman en médicos o en psiquiatras, con todos los peligros que esta mutación puede comportar para el paciente.
Una regla muy importante, pues, tanto para los estomatólogos como para los otros terapeutas: actuar siempre dentro de los límites de su competencia.

## SOFROLOGIA Y MEDICINA PSICOSOMATICA

Para algunos, la medicina psicosomática es la medicina a secas; en cambio, para otros —entre los cuales figuran los psicoanalistas— sólo se trata de un capítulo especial de la medicina. Por lo demás, los médicos no se ponen de acuerdo sobre la importancia que ha de darse a lo psicológico o a lo orgánico. ¿Tienen las enfermedades un origen psicológico, o es la organicidad primordial la que engendra los trastornos psicológicos? Dejemos de lado esta pugna y veamos cómo ocurren las cosas en la práctica.

*Ejemplo 1.* Imaginemos que un hombre acude a la consulta tras haber precisado que era muy urgente: está rojo, su respiración es jadeante, el sonido de su voz es muy alto, su elocución es entrecortada, sus movimientos desordenados, tiembla, tiene lágrimas en los ojos. Se halla evidentemente presa de un shock emotivo (debido a un accidente de vehículo). Vemos en este primer ejemplo que un accidente puede provocar un shock emotivo generador de angustia con signos físicos importantes pero, al fin de cuentas, sin gravedad patológica, porque todos los exámenes son negativos. Se trata simplemente de una reacción emocional corriente. La sofrología, en este caso, podrá tener un papel más preventivo que curativo; es indudable que un sujeto entrenado en los métodos de sofronización simple, de sofroaceptación progresiva e incluso de protección sofroliminal, adquirirá la facultad de suavizar el shock emocional•.

• No olvidemos, sin embargo, que la actitud distendida del médico sofrólogo tendrá por sí misma un efecto beneficioso en el sujeto víctima de tal emoción.

**Insomnio, fatiga, síncope: una reacción en cadena que nace de la ansiedad**

*Ejemplo 2.* Un hombre acude a la consulta. Se queja de insomnio que le despierta a las 3 de la mañana, de sensación de ahogo, de latidos cardíacos fuertes y rápidos. Esto conlleva un gran cansancio en la jornada, con dolor de cabeza y tendencia al síncope. Durante la entrevista dice haber perdido a su mujer tres años antes. Todos los exámenes biológicos son normales, pero se advierten trastornos funcionales de naturaleza ansiosa y hasta depresiva. Hay, pues, que intervenir para curar esos trastornos funcionales•. Las técnicas de sofronización simple, de sofroaceptación progresiva, de protección sofroliminal y de sofrosustitución sensorial, serán muy beneficiosas, creando efectos parasimpáticos que podrán oponerse a los efectos excesivos del simpático con una puesta en descanso y una regulación del sistema nervioso.

• Ahora sabemos que si esos trastornos funcionales se repiten durante algunos años, la lesión hará acto de presencia.

**La ansiedad puede engendrar trastornos orgánicos y desembocar en la lesión**

*Ejemplo 3.* Este hombre de cuarenta y siete años, jefe de empresa, divorciado y padre de tres hijos, sufre una úlcera de estómago descubierta clínica y radiológicamente. Es enviado a la consulta de un psicosomatista, porque los distintos tratamientos medicamentosos han surtido efectos paliativos temporales, pero sin lograr una curación definitiva. La entrevista pone rápidamente al descubierto una personalidad ambiciosa, un hombre trabajador pero cansado. Los numerosos fracasos sufridos en su vida afectiva le han llevado poco a poco a replegarse sobre sí mismo, a no manifestar emoción alguna y a centrarse únicamente en su trabajo, sola fuente de satisfacción para él. Tiene fama de ser un hombre dulce y fino, nadie sospecha de su profunda agresividad. También él es un ansioso, pero en su ansiedad ha llegado a la lesión. Las técnicas sofrónicas van a ser útiles con una finalidad terapéutica• sin duda, pero también con una finalidad profiláctica, modificando el comportamiento de este hombre a fin de evitar cualquier recidiva.

• Este tipo de úlcera puede curarse con estas solas técnicas.

**El efecto fisiológico de la emoción**

Fisiológicamente se puede decir que la emoción actúa activando exageradamente la función ortosimpática. Los métodos de relajación atenúan estos efectos negativos activando el parasimpático.

*La estimulación del simpático provoca:*
— una aceleración del ritmo cardíaco;
— un aumento de la tensión arterial;
— un adelgazamiento del calibre de las arterias;
— un aumento de la contracción muscular;
— un desencadenamiento de la transpiración;
— una aceleración del ritmo respiratorio;
— una dilatación de las pupilas;
— una lentificación del peristaltismo (contracción) intestinal;
— una secreción de adrenalina.
Estos efectos son los que vamos a encontrar en un shock emocional.

*La estimulación del parasimpático engendra:*
— una lentificación del ritmo cardíaco y respiratorio;
— una dilatación de las arterias;
— una disminución de la tensión arterial;
— un aumento del peristaltismo intestinal;
— un descenso de la transpiración;
— un efecto calmante.
Es lo que de hecho puede constatarse durante la sofronización.

Estos tres ejemplos ilustran el proceso observado a partir del shock emocional:
1. shock emocional sin grave repercusión;
2. shock emocional con resonancia funcional;
3. shock emocional con resonancia funcional primero, y luego con lesión orgánica.

Aparte de la emoción se puede vincular a los trastornos psicosomáticos la fatiga, el surmenaje y el estado de stress.

*La fatiga* es un síntoma y no una enfermedad en sí. Es secuela del esfuerzo que la causa. No es patológica, al contrario de la astenia, que carece de causa determinada.

*El surmenaje* es un exceso de fatiga debido a demasiadas actividades. El umbral de fatigabilidad ha sido superado. No hay que confundir el surmenaje con la depresión, que es una alteración del humor y del impulso vital, a veces al margen de cualquier fatiga. La depresión se caracteriza por la falta de gusto emprendedor, por trastornos del sueño, por ideas de suicidio, etc.
Mientras la fatiga y el surmenaje tienen que ver con las técnicas sofrónicas, la depresión —que puede ser evitada gracias al entrenamiento sofrónico— ha de cuidarse, una vez diagnosticada, mediante toda una serie de terapéuticas medicamentosas o no.

*El stress*, finalmente, puede definirse como el estado en que se halla cualquier individuo que sufre las presiones del entorno y reacciona contra ellas de una manera específica o no específica.

## SOFROLOGIA Y PSIQUIATRIA

Hay que colocar aquí los trastornos neuróticos, cuyos principales fenómenos son la ansiedad, el miedo, la emoción, generalmente engendrados por un conflicto personal consciente o no, y eventualmente incluso más relacional. Tomemos por ejemplo, el de la neurosis de angustia, que es una angustia patológica insoportable que sobreviene sin horario preciso y acompañada de trastornos psicológicos y funcionales, como los que acompañan a la emoción. Esta angustia neurótica es siempre resultado de un conflicto intrapsíquico inconsciente, resultado de una represión. Esta crisis puede yugularse con las técnicas sofrónicas.
El hombre se adapta a esa angustia difusa mediante mecanismos de defensa a veces buenos y a veces malos. Así, para evitar que dicha angustia invada toda su vida diaria, puede polarizarla hacia una situación muy concreta, convirtiéndose en agorafobia (miedo a la calle, a la gente), en claustrofobia (miedo a estar encerrado), etc. Por negativa que sea, esta reacción le permite no obstante llevar una vida casi normal, puesto que al fin de cuentas evita la angustia eliminando las situaciones que la provocan.

En este caso de neurosis fóbica se podrá poner en marcha todo un programa de técnicas sofrónicas que tienen por objeto el descondicionamiento del individuo. Para empezar, ejercicios de sofronización simple, luego de sofroaceptación progresiva para llevar al sujeto a superar la situación fóbica, seguidamente una sofrosustitución sensorial y, sobre todo, una sofrocorrección serial que será la técnica de base. Se llega así, poco a poco, a desbloquear la situación crítica. Es un método de descondicionamiento basado en los trabajos de la escuela americana, que ha intentado asociar las teorías psicoanalíticas posfreudianas y las terapias skinnerianas y pavlovianas•. Para los behavioristas•, la fobia tiene su origen en el condicionamiento; mientras que, para los analistas, proviene de un conflicto reprimido. A veces pueden darse los dos casos.

• Ver págs. 116 y 117.
• *behaviorismo:* escuela americana de psicología basada en el estudio del comportamiento.

Un ejemplo nos hará comprender mejor el complejo mecanismo de la fobia: el del hombre que experimentaba una crisis de angustia siempre que pasaba ante una iglesia; la causa inicial de esta angustia era un accidente en el que un vehículo estuvo a punto de matarle ante una iglesia; pues bien, el sujeto no había asociado vehículo y angustia, sino iglesia y angustia. Su curación se logró por el método de sofrocorrección serial reforzado con la técnica de sofromnesia positiva, durante la cual se le hizo revivir el accidente.

### Neurosis de angustia, neurosis fóbica, neurosis obsesiva: una curación progresiva a través de la sofrología

Se encuentran aún otros mecanismos más elaborados, más complejos, que son aquellos donde la angustia no es ni difusa ni vinculada a una situación, sino dependiente de ideas, de obsesiones: es la neurosis obsesiva. Los pacientes aquejados de esta neurosis son víctimas de obsesiones. Comprueban por ejemplo cinco o seis veces si han cerrado bien la puerta de su apartamento, o el gas, la electricidad, etc.; entonces instauran una especie de ritual.

Se trata de una enfermedad muy grave próxima a los estados prepsicóticos, y hay que ser prudentes en la terapéutica, porque es preciso evitar la descompensación: no pueden tocarse los mecanismos de defensa sin peligro; es necesario tener siempre en cuenta el beneficio secundario de la enfermedad. Hay pues que prestar mucha atención a los análisis y a las terapias salvajes. El interés de la sofrología radica en que no hay interpretación; se ayuda progresivamente al sujeto a relajarse para que pierda natural y lentamente sus obsesiones, sus fobias. En los casos de trastornos neuróticos se dan tratamientos de un año. Durante el primer trimestre se hará practicar al paciente la sofronización simple y las activaciones. Durante el segundo trimestre se aplicarán los métodos de sofroaceptación progresiva, de sofrosustitución sensorial y, eventualmente, la relajación dinámica adaptada. Durante el tercer trimestre se recurrirá a la sofrocorrección serial y, finalmente, en el último trimestre se aplicará la sofrocorrección serial dirigida de tipo comportamental.

Algunos psiquiatras utilizan la sofrología, y sobre todo la relajación dinámica, en el tratamiento de las psicosis, trastornos de la adaptación a la realidad. Estas experiencias aún no son suficientemente numerosas para poder extraer todas las conclusiones. Pero es indudable que los métodos sofrónicos, y sobre todo la relajación dinámica, tienen un efecto beneficioso en los psicóticos y psicópatas.

**¿Neurosis? ¿Psicosis? ¿Psicopatía?**

Una anécdota del profesor Sivadon hace comprender muy bien la diferencia existente entre la neurosis, la psicosis y la psicopatía. Si se pregunta a un neurótico cuánto suman 2 + 2 responderá que 4; luego, presa de remordimiento, hará la prueba del nueve antes de reafirmar lleno de angustia quc suman 4.

Si se hace la misma pregunta a un psicótico, responderá que suman 9, lleno de seguridad en sí mismo a pesar del aire dubitativo del interlocutor.

Finalmente, el psicópata responderá que suman 4 mientras apoya su puño sobre el interlocutor y le pregunta si le está tomando el pelo.

Hay que hablar también de los trastornos psicomotores, en los que la sofrología da excelentes resultados. Se puede citar el caso de tortícolis no curadas por distintos tratamientos psicoterapéuticos, y que la sofronización, ayudada de la kinesiterapia, hizo desaparecer totalmente. Cura también los casos de calambre del escritor y del violinista. En el tartamudeo se ha podido constatar que los sujetos no volvían a experimentar este trastorno en estado de distensión. Se puede, pues, registrar entonces su voz a fin de hacérsela oír, y practicar los métodos de sofroaceptación progresiva y de sofrosustitución sensorial.

## SOFROLOGIA Y KINESITERAPIA

LA RELAJACION ESTATICA

Las técnicas sofrónicas actúan en dos planos:

— en el plano físico combaten las distonías (o trastornos del tono) y las diskinesias (o trastornos del movimiento);

— — en el plano psicológico combaten la aprensión, el miedo, la angustia.

Las técnicas más comúnmente utilizadas son:

— la sofronización simple;

— la sofropercepción relajante;

— la sofrosustitución sensorial;

— la sofroaceptación progresiva.

*La sofronización simple* puede utilizarse antes, durante o después del masaje o la reeducación funcional. El ritmo regular del masaje combinado con el Terpnos Logos implica una adhesión total del paciente. Esta técnica de sofronización simple es a la vez un medio activador y un medio reforzador de las principales técnicas kinesiterápicas especializadas o no. Exige la intervención de un terapeuta a su vez bien relajado.

*La sofropercepción relajante* de Victor Copin actúa según el principio de acción positiva, y utiliza los estímulos sensoriales armoniosos a fin de activar la relajación tanto física como mental y hacer que el paciente perciba la región corporal interesada.

Durante el masaje las presiones son distintas y de valor desigual. En cada momento el terapeuta pide al paciente sofronizado que se haga consciente de esas diferencias de ritmo, de presión y de contacto centrando en ellas toda su atención. El paciente percibirá la región corporal interesada en el bienestar, y así sabrá conservar su recuerdo en la vida corriente.

*La sofrosustitución sensorial* consiste en cambiar una sensación dolorosa en una sensación agradable.

*La sofroaceptación progresiva* propone al sujeto elegir una situación más o menos lejana en consonancia con la aceptación del esquema corporal. Se puede así pedir al paciente que se vea curado en un futuro más o menos próximo, y que vaya aproximando esta imagen de curación en el tiempo.

*Las indicaciones de la sofronización en kinesiterapia*

Las indicaciones terapéuticas de la sofronización en kinesiterapia se extienden a las distintas especialidades médicas relacionadas con la kinesiterapia, como la traumatología, la reumatología, la pneumología, la neurología, la cardiología y la ginecología obstétrica. Las técnicas de sofronización que nosotros empleamos son, en conjunto, las del profesor Alfonso Caycedo y la de Victor Copin de Douai, pero les añadimos algunas otras técnicas más particulares. Prácticamente todas las técnicas de sofronización estática pueden ser utilizadas por el kinesiterapeuta, que llegado el caso no vacilará en integrar las distintas técnicas ya vistas, como la técnica de Schultz, el método de Jacobson, el método de Gerda Alexander, y muchos más... La sofronización, método terapéutico, pero sobre todo la sofrología, principio psicofilosófico, aportan a la kinesiterapia una dimensión suplementaria, haciendo de ella una posible terapia de las afecciones psicosomáticas.

## LA RELAJACION DINAMICA

La relajación dinámica es desde el punto de vista kinesiterápico una relajación muy completa. Así, incluye tiempos activos durante los cuales el sujeto contrae los músculos, tiempos respiratorios en que se hace consciente de su automatismo respiratorio, tiempos de distensión o de recuperación tras el esfuerzo, que eliminan todas las últimas tensiones del organismo. Estos tiempos activos respiratorios y estos tiempos de recuperación son los que forman el conjunto terapéutico de la relajación dinámica de Caycedo•.

• Esta relajación dinámica se basa igualmente en la importancia y el descubrimiento del esquema corporal.

*Las aplicaciones prácticas de la relajación dinámica*. La relajación dinámica puede utilizarse en todo o en parte, sola o asociada a otras técnicas, en casi todas las indicaciones de la kinesiterapia. A título de ejemplo, vamos a pasar revista a algunas indicaciones más particulares.

*En reumatología*. La relajación dinámica puede aplicarse en reumatología y, particularmente, a las algias. Pero hay que distinguir muy bien entre psicalgias• y verdaderos reumatismos.

• *psicalgia:* manifestación dolorosa, generalmente sin ninguna lesión muy concreta.

En las psicalgias, el dolor es más bien un medio de expresión, convirtiéndose el cuerpo en soporte de la angustia del paciente. Estas psicalgias representan un

enorme porcentaje de las consultas del reumatólogo. Sin embargo, conviene saber que en los verdaderos reumáticos existe siempre un factor psicológico que entra en juego y que magnifica a menudo la expresión subjetiva del dolor. La relajación dinámica puede utilizarse con muy buenos resultados en los psicálgicos y también en los verdaderos reumáticos. Esta técnica de relajación podrá pues, a la vez, atenuar mucho el estado de angustia del paciente y el dolor suprimiendo las contracciones importantes.
Una vez eliminadas las contracciones, el enfermo podrá efectuar su reeducación sintiendo mucho menos dolor. Esta técnica de relajación será, pues, muy útil en las cervicalgias (o dolores cervicales), en los dolores de cabeza, lumbares o de la columna vertebral, y por consiguiente en las enfermedades más organizadas, tales como la poliartritis crónica evolutiva, la espondilartritis anquilosante, la coxartrosis y la gonartrosis•.

• La artrosis es una anquilosis debida a un fenómeno degenerativo que se instala en las distintas articulaciones del cuerpo. La poliartritis crónica evolutiva es pues una anquilosis progresiva de todos los miembros, y la espondilartritis anquilosante es una anquilosis de la columna vertebral electivamente. La coxartrosis es una anquilosis de la cadera, y la gonartrosis una anquilosis de la rodilla.

*En pneumología.* La relajación dinámica está indicada en pneumología para las insuficiencias respiratorias y para el asma. Recordemos aquí el método de respiración dinámica relajante del doctor Courchet, especialmente eficaz en el asma, el enfisema y la bronquitis crónica.

*En neurología.* Estas técnicas de relajación dinámica pueden ser útiles en la hemiplejía (o parálisis de un lado del cuerpo), en los trastornos de la coordinación y en todos los trastornos psicomotores, tales como los tics o los calambres•.
Esta técnica puede utilizarse igualmente con éxito en los casos de tortícolis espasmódica (o calambre de la región del cuello).

• Como el calambre del escritor, que se refleja en temblores de la mano cuando el sujeto se pone a escribir.

*En cardiología.* Actuando principalmente sobre el factor de la angustia, esta técnica de relajación dinámica puede ser de gran eficacia en cardiología, sobre todo en las secuelas de infarto de miocardio.

Concluyendo, la relajación estática o la relajación dinámica de Caycedo son técnicas inapreciables en el campo de la reeducación kinesiterápica. Constituyen un medio de activación de las otras técnicas o un medio de refuerzo que se inserta en un marco terapéutico general.

## SOFROLOGIA Y SEXOLOGIA

Según un psiquiatra inglés, Marks Isaac, los trastornos sexuales pueden dividirse en tres categorías: las desviaciones sexuales, las disfunciones sexuales y el transexualismo•.

• Aquí no abordaremos el problema del transexualismo.

*Las desviaciones sexuales,* denominadas también perversiones, se caracterizan por un buen funcionamiento sexual, a menudo incluso agradable; sin embargo, la finalidad y (o) el objeto se hacen norma.

*Las disfunciones sexuales* se caracterizan por un mal funcionamiento sexual poco agradable. Se trata muy a menudo de un trastorno psicosomático que impide practicar el coito o disfrutarlo. En el hombre estas disfunciones se denominan impotencia, eyaculación precoz o retardada. En la mujer estas disfunciones se denominan vaginismo, disfunción sexual general (frigidez), disfunción orgásmica y dispareunia (dolor en el coito).
Si nos referimos al esquema de la teoría del comportamiento, a todo estímulo corresponde una respuesta•.

• Ver el capítulo sobre los reflejos condicionados.

Una estimulación sexual o simbólicamente sexual llevará, pues, consigo, a través del organismo, una respuesta sexual: en un primer momento, una vasocongestión (lubricación vaginal en la mujer, erección en el hombre); y, en un segundo momento, una descarga por contracción mioclónica (es el orgasmo en la mujer y la eyaculación en el hombre).
Para que una respuesta sexual sea perfectamente adecuada, se requiere evidentemente que el organismo esté íntegro fisiológicamente y que los estímulos sean bastante fuertes. Hay que considerar también el tipo de respuesta, sobre todo en función de la motivación, y estudiar las respuestas patológicas.

En las disfunciones, se observa en la mujer la disfunción orgásmica y la disfunción sexual general o frigidez. Conviene saber que el primer tiempo de respuesta por vasocongestión depende del parasimpático, mientras que el segundo tiempo se halla bajo dependencia ortosimpática. Es, pues, comprensible que los métodos sofrónicos, por su acción sobre el parasimpático, sean beneficiosos para mejorar en el hombre y en la mujer el primer.tiempo de respuesta (lubricación, erección), y para modular la hiperactividad ortosimpática en el segundo tiempo de respuesta (eyaculación precoz). En el vaginismo, que es una contracción inoportuna de la vagina por reflejo de defensa, la relajación enseñará a la mujer a distender su perineo. Para ello se utilizarán los métodos sofrónicos asociados a ejercicios perineales. Cabe incluso, mediante técnicas de sofroaceptación progresiva, de sofrocorrección sensorial y de sofrocorrección serial, levantar ciertos bloqueos sexuales remplazando los fantasmas que los provocaban por imágenes mentales positivas.

Para el tratamiento colectivo (varias parejas a la vez) se ha elaborado un programa de sensibilización y activación de los sentidos:
— en un primer momento, se procede a una lectura en grupo de palabras relacionadas con la sexualidad; esas palabras, primero poéticas, pasan a ser poco a poco de argot a fin de levantar la inhibición;
— luego, el grupo de parejas realiza en un día una serie de sofronizaciones (simple, sofroaceptación progresiva, sofrosustitución sensorial);
— a continuación se realiza una sesión de masajes dirigida por un kinesiterapeuta, que muestra las distintas técnicas clásicas;
— se hace bajo sofronización la activación de las percepciones de los cinco sentidos;
— y, finalmente, mediante masajes de inspiración esaleniana•, se llega a la práctica de masajes-mensajes.
Este método tiene el mérito de ser sencillo y, sobre todo, de realización rápida.

• El centro de Esalen, en California, es el santuario de las técnicas de grupo.

Las técnicas sofrónicas podrán emplearse igualmente en casos de verdaderas fobias sexuales, asociándolos incluso a técnicas de refuerzo de percepciones sensoriales a partir de imágenes, de música, de perfumes, etc. La relajación dinámica de segundo grado es entonces particularmente interesante.
Para los que reciben tratamiento psiquiátrico, como los paidófilos •, los exhibicionistas, los fetichistas, etc., se utilizan los métodos sofrónicos como medio de descondicionamiento progresivo. En los trastornos relacionados más bien con la psiquiatría, se utilizan más bien los métodos de sofromnesia libre y de sofroasociación onírica. Estos métodos, reservados únicamente al campo psiquiátrico, exigen una interpretación que, evidentemente, sólo puede realizar un especialista competente.

• *paidofilia:* especial atracción sexual hacia los niños.

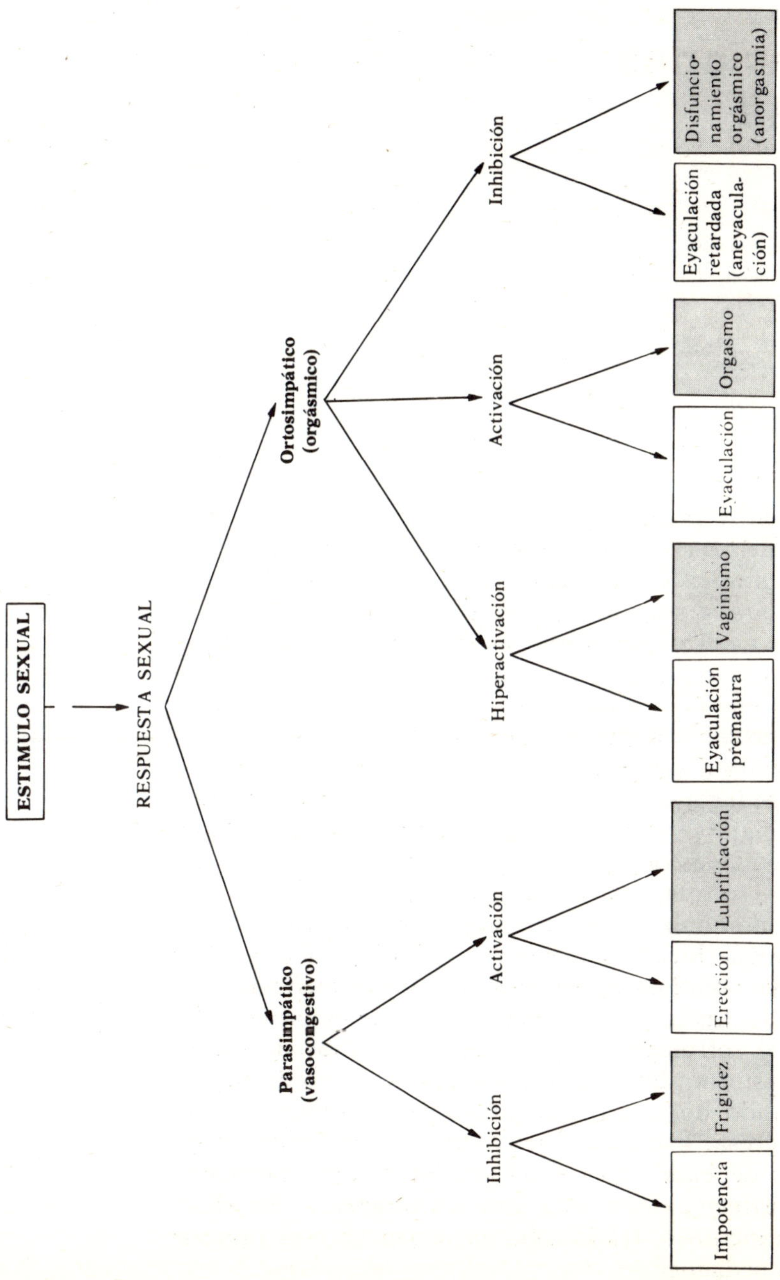
ESTIMULO SEXUAL
RESPUESTA SEXUAL
Parasimpático (vasocongestivo)
Ortosimpático (orgásmico)
Inhibición
Activación
Hiperactivación
Activación
Inhibición
Impotencia
Frigidez
Erección
Lubrificación
Eyaculación prematura
Vaginismo
Eyaculación
Orgasmo
Eyaculación retardada (aneyaculación)
Disfuncionamiento orgásmico (anorgasmia)

# Las aplicaciones no médicas

Ya en 1970, en su primer congreso mundial, la escuela sofrológica trata de precisar las diferencias que deben existir entre la sofroterapia y la sofropedagogía. Además, Alfonso Caycedo declaraba poco más o menos en una entrevista: «Yo soy 'profesor-médico', sitúo mi función más bien en una relación informativo-formativa con el enfermo [...]. Esto quiere decir que le enseño métodos que practicará en su casa, y que le informo sobre la duración exacta de su aprendizaje»•. Si nos atenemos a esta primera aproximación, en la sofrología todo es pedagogía: se enseña al sujeto a respirar, a anestesiarse, a relajarse, etc. Hay, pues, que buscar fuera de las mismas actividades de la sofrología lo que constituye la diferencia entre sofroterapia y sofropedagogía.

• Ver *Psychologie* n.º 79 (agosto de 1976).

En un segundo análisis, aparece que la naturaleza de la diferencia hay que buscarla más en el mismo paciente, en su estado, en sus objetivos personales, que en los ejercicios que ha de realizar. En la sofroterapia el paciente es un enfermo que acude al sofrólogo en busca de los medios de luchar contra su trastorno. En la sofropedagogía se trata de sujetos en buen estado de salud, que piden al sofrólogo que les ayude a progresar hacia un objetivo que se han fijado o cuya presentación depende de leyes naturales: el parto, por ejemplo. En el primer caso se está ante un terapeuta. En el segundo el terapeuta se transforma en pedagogo o es remplazado por un pedagogo.

Dicho esto, es justo reconocer que la sofropedagogía ha progresado sobre todo en campos que al principio dependían más bien de las técnicas terapéuticas.
Es el caso, sobre todo, de la sofropedagogía obstétrica, o preparación al parto, que como ya veremos va mucho más allá del parto mismo y representa una verdadera educación de toda la familia con miras a un feliz acontecimiento: la gestación y el nacimiento del hijo, para lo que sirve de pretexto el llamado por los sofrólogos «instante sublime»•.

• Ver pág. 211.

Es también el caso de la sofropedagogía deportiva, que ha sido patrimonio de los médicos deportivos o no, pero que, debido a su indiscutible competencia en fisiología, conseguían llevar a los atletas o a los equipos que tenían a su cargo, primero a la relajación, y luego hacia las técnicas de sofronización. También en este campo los resultados obtenidos son muy elocuentes, y dicen mucho en favor de los terapeutas, que fueron los primeros en decidirse a adaptar los métodos a las condiciones de ejecución específicas de las distintas disciplinas deportivas ya experimentadas.
Hoy se necesita sin duda, si queremos ir más lejos, salir del marco estrictamente médico y confiar a entrenadores debidamente formados, y en consecuencia sofrólogos, el cuidado de adaptar y difundir la sofropedagogía deportiva.
Una tercera disciplina, la sofropedagogía pediátrica, denominada también paidosofrología, ha sido —como su nombre indica— elaborada por un pediatra, el doctor Espinosa Aroca.

Esto, en cuanto a las grandes disciplinas de base descritas en los capítulos que siguen, las cuales confieren ya a la sofrología sus cartas de nobleza.
Pero, si las técnicas sofrológicas han tenido tanto éxito en estos campos inicialmente terapéuticos, cabe imaginar fácilmente muchas otras ramas de aprendizaje en que podrían obtenerse resultados similares; no sólo en las enseñanzas que proceden a la modificación del esquema corporal mediante la utilización de una máquina (podría citarse, a título de ejemplo, la mecanografía o la conducción de un automóvil), sino también en materias que precisan de una gran atención y buenas facultades de memorización (naturalmente las lenguas extranjeras, pero también las matemáti-

cas, la química, la física, la historia, etc.) y, finalmente, en los trabajos manuales que requieren un importante desgaste muscular total o parcial, y que en cierto modo se asemejan a las actividades deportivas.

### ¿Para cuándo una enseñanza de las técnicas sofrónicas en el marco de la formación permanente?

En una palabra, apenas hay enseñanzas que no se relacionen con las técnicas sofrológicas; y es fácil imaginar la economía de tiempo y de energía que se podría hacer aplicando estos métodos de enseñanza a los adultos en el marco de la formación permanente. A la edad en que las facultades de atención empiezan a debilitarse, en que la fatiga acude más pronto a atenuar la resistencia del alumno, en que las preocupaciones inherentes a la situación familiar contribuyen a desmovilizar al cursillista en formación, los métodos tan sencillos de la relajación dinámica pueden ayudar a reactivar la energía decreciente del sujeto (lo atestiguan los resultados conseguidos en el plano deportivo).

Pero aún estamos lejos de esto, y los ensayos aún muy modestos realizados hasta el presente son obra —sobre todo en Francia— de pedagogos aislados que, habiendo experimentado ellos mismos los beneficios de la sofrología, han decidido, como veremos luego, que también sus alumnos se beneficien de tales técnicas.

En el extranjero, sobre todo en los países de América latina, Uruguay y Venezuela concretamente, se han realizado en la universidad aplicaciones un poco más frecuentes y quizá también más audaces, pero sin lograr aún la difusión que los resultados expuestos con ocasión del primer congreso mundial parecían prometerles.

Hay, pues, que ir más deprisa y más lejos; para conseguirlo, es preciso formar en todos los campos de la enseñanza y la educación a pedagogos que, tras haber experimentado en sí mismos los métodos sofrológicos, contribuyan a su difusión entre los alumnos, los universitarios o los adultos en reciclaje, como han empezado a hacer los terapeutas, médicos, dentistas, kinesiterapeutas, enfermeras y psicólogos en el campo de la enfermedad o de la profilaxis.

## SOFROLOGIA Y DEPORTE

Los métodos sofrónicos habrían de hallar en el deporte un campo de aplicación muy vasto. En efecto, la concentración, las percepciones, la integración del esquema corporal, la contracción y descontracción musculares y, finalmente, la recuperación a través de una mejor circulación, es lo que el atleta busca en la práctica de todos los deportes.

Fue el doctor Abrezol, en Suiza, quien señaló el camino entrenando mediante la sofrología al equipo nacional de esquí para los juegos de Sapporo en 1972. A partir de entonces el doctor Davrou ha preparado atletas y deportistas de todos los niveles con métodos sofrónicos, obteniendo resultados notables.

Durante el aprendizaje y el entrenamiento, tras un interrogatorio completo para determinar las características físicas y psicológicas del atleta, se trata de mejorar el rendimiento tanto desde el punto de vista físico como mental. El sofrólogo no suplanta al entrenador, pero puede servirle de inestimable ayuda «personalizando» la técnica del deporte en cuestión (cuando el entrenador está de acuerdo)•.

• Nos limitamos a presentar aquí un esquema general de aplicación, porque es evidente que las técnicas utilizadas difieren según el deporte de que se trate, la misma personalidad del atleta y el objetivo perseguido.

*En el plano físico,* los métodos sofrónicos, y sobre todo la relajación dinámica, contribuyen a:

— mejorar la precisión del gesto a través de una mejor toma de conciencia del esquema corporal en movimiento;

— economizar el gasto energético aumentando la selectividad de la contracción muscular indispensable al gesto y la descontracción de los músculos no indispensables;

— controlar la actitud general mediante la integración del esquema corporal.

*En el plano psicológico,* los métodos sofrónicos permiten desarrollar las facultades de concentración y de atención así como el potencial de lucidez, mediante una mayor posibilidad de percepción. Durante los entrenamientos colectivos facilitan la integración de los grupos y mejoran las relaciones entre el entrenador y los atletas con la plena aceptación de una higiene general de vida (dietética, programa de trabajo, etc.). Finalmente, ciertos ejercicios, como los de sofroaceptación progresiva, serán muy valiosos cuando se trate de hacer positivas ciertas situaciones futuras de competición, eliminando los factores negativos como el stress, el nerviosismo, el miedo a la derrota o al error, etc.

**La experiencia de un deportista de tiro al plato**

»Tenemos unas ocho décimas de segundo entre el momento en que sale el plato y el momento en que ya no podemos tocarlo. Cuando antes del concurso hago una sofronización simple y permanezco en estado de vigilancia concentrada, esas ocho décimas de segundo me parecen una eternidad: me sobra tiempo. Deseoso de verificar este fenómeno, algunas veces no me he sofronizado: entonces esas ocho décimas me han parecido pasar como un relámpago, no he tenido tiempo de apuntar bien y, evidentemente, mis resultados se han resentido de ello».

Es muy difícil dar una explicación científica de este fenómeno puramente subjetivo. Sin embargo, se ha podido constatar que la sofronización implicaba modificaciones de la noción de tiempo y espacio.

Durante la competición misma, el sujeto entrenado puede poner en práctica los reflejos adquiridos en el período de aprendizaje (atención sostenida, economía de esfuerzos inútiles, etc.). Ciertas técnicas respiratorias, como la practicada en la relajación dinámica, implican una motivación y una perseverancia crecientes.

Por último, después de la competición, el importante problema de la recuperación se ve muy facilitado por la utilización de las técnicas estáticas, como la sofronización simple. Esta permite al atleta recuperar la forma y participar en pruebas repetidas. En el caso de dolores o de contracciones musculares provocadas por el esfuerzo, un método como la sofrosustitución sensorial aporta una apreciable ayuda. Esta recuperación, gracias a los métodos sofrónicos, ha sido objeto de tests, y los resultados registrados han sido significativos, tanto desde el punto de vista cardiovascular y respiratorio, como desde el punto de vista de la eliminación de «residuos».

Para ilustrar estas generalidades, vamos a presentar ahora un esquema de aplicación específica, utilizado durante la preparación olímpica del equipo francés de vela para los Juegos de Montreal.

## EL EJEMPLO DE LA VELA

La vela es uno de los deportes más completos que conocemos, por sorprendente que pueda parecer. El atleta, en efecto, debe no sólo realizar un esfuerzo físico intenso, sino también concentrar y mantener su atención sobre diferentes elementos, como la posición de las velas, las variaciones del viento, el estado de la mar o del lago, la aparición de nubes, la progresión y la táctica de los adversarios, sin contar los múltiples

problemas que plantea una reglamentación muy complicada y difícil de interpretar. Finalmente, debe tener una percepción muy desarrollada de las sensaciones táctiles resultantes de la fuerza del viento o de los movimientos del timón, y del equilibrio del propio cuerpo modificado sin cesar por los virajes de bordo.
Durante la preparación olímpica nos fuimos sensibilizando a todos estos problemas en compañía de los entrenadores, y buscamos con los concurrentes los métodos sofrónicos más adaptados a los problemas que encontraban. Previa explicación y aplicación de todos los métodos, elegimos técnicas individuales que desembocaron en un método integral personalizado para cada participante (es decir, en función de sus necesidades y de sus deseos personales) y en métodos colectivos para el entrenamiento del equipo. Establecimos igualmente un programa de aplicación para los períodos de entrenamiento intensivo, durante los cuales los métodos dinámicos, sobre todo la relajación dinámica de segundo grado, precedían al trabajo en el agua, utilizando al fin de la jornada los métodos estáticos para la recuperación

La relajación dinámica de segundo grado fue elegida como base del entrenamiento sofrológico en grupo, porque se revela perfectamente adaptada a la práctica de la vela; se realiza en posición sentada. Tras una sofronización simple, el atleta ejecuta movimientos con la cabeza, los brazos y las piernas, tratando de percibir claramente las distintas tensiones musculares necesarias para la ejecución de cada movimiento. Paralelamente se esfuerza por descontraer el resto del cuerpo y por «ver» mentalmente las modificaciones aportadas a su esquema corporal por los ejercicios, como si la consciencia fuese capaz a la vez de percibir desde el interior y de ver desde el exterior. Los ejercicios de concentración sobre las percepciones sensoriales realizados durante este segundo grado, aportaron igualmente mejorías individuales•.

Los resultados fueron convincentes, no sólo en el campo del deporte mismo, sino también —cosa no prevista al principio— en la vida profesional de muchos deportistas. Hay que añadir igualmente los beneficiosos efectos sobre el grupo, integrado por campeones aún no seleccionados, y que pudieron vivir un entrenamiento colectivo del que sólo ha salido un elegido por cada categoría de embarcación. No es éste el menor mérito de la sofrología...

Los métodos sofrónicos pueden, pues, proporcionar al deporte un innegable complemento de preparación mediante el refuerzo progresivo de todas las facultades. Pero nunca insistiremos lo bastante en la necesidad de un entrenamiento voluntario en tales métodos, dado que el desarrollo de la persona sólo se produce gradualmente.

• Un ejemplo especialmente llamativo es el de aquel campeón regularmente llamado al orden por el entrenador debido a sus virajes de bordo porque sus pies «fallaban». El atleta comprendió finalmente lo que le decía el entrenador cuando logró asimilar bien la relajación dinámica: ¡había conseguido integrar el esquema de sus pies!

## EL EJEMPLO DEL FUTBOL

Otra experiencia nos permitió adaptar los métodos sofrónicos al deporte: la de la preparación de un equipo de fútbol. Aparte de la preparación colectiva que dio como resultado una gran cohesión del grupo, pudimos trabajar individualmente y crear para cada jugador su propio método de sofronización en función de sus gustos, de sus dificultades y de sus objetivos. La técnica sobre todo mejoró mucho por una especie de selectividad de contracción y descontracción antagónicas de los músculos, asociada a una mentalización del gesto, es decir, a una visualización perfecta de lo que el entrenador aconsejaba; como si el jugador, en estado sofrónico, fuese capaz de verse, en una especie de diapo-

sitiva personal, realizando el gesto de manera perfecta e ideal.
Lo mismo ocurrió con las fases tácticas a aplicar en el partido siguiente. El entrenador explicó a sus jugadores en estado sofrónico lo que esperaba de ellos, y pudimos constatar, gracias a una especie de feed-back, la eficacia de tal método, que facilita grandemente la atención y también la memorización. Algunos jugadores nos dijeron luego que habían «vuelto a ver» y «vuelto a oír» durante el partido las consignas dadas en la sesión preparatoria.
El problema de la motivación, que siempre corre el riesgo de debilitarse a medida que se va desarrollando un campeonato largo y fatigante, quedó también resuelto; de un lado, recurriendo a un guión en función de las condiciones del partido próximo (condiciones meteorológicas, público, ambiente, etc.); de otro, utilizando en los momentos que preceden al partido ciertas técnicas dinamizadoras, sobre todo los movimientos respiratorios de la relajación dinámica de primer grado, terminados con una meditación sobre la respiración profunda de la relajación dinámica de tercer grado.

**Una advertencia importante**

Nunca ha de hacerse practicar a los atletas métodos sofrónicos estáticos inmediatamente antes del esfuerzo. En efecto, el descenso del tono muscular es tal que puede resultar nocivo para la acción intensa reclamada por un deporte como el fútbol o la vela. Se reservarán, pues, estos métodos para la preparación remota de la competición misma y para la recuperación tras el esfuerzo.
En cambio, se podrá utilizar la relajación dinámica momentos antes de la competición.

## LA SOFROPEDAGOGIA PEDIATRICA

En octubre de 1974 el XIV Congreso mundial de pediatría, que reunió a ocho mil especialistas en Buenos Aires, otorgó su medalla de oro al doctor Mariano Espinosa Aroca por su método de paidosofrología.
Espinosa Aroca no ha introducido la sofrología en pediatría (la sofronización simple se utilizaba desde hacía ya mucho tiempo), pero ha sido el primero en adaptar la relajación dinámica de Caycedo al campo de la infancia.
Los dos principios básicos de la escuela sofrológica, el esquema corporal como realidad vivida y el principio de acción positiva, son en efecto enteramente aplicables al niño y al adolescente, con tal de que estas dos nociones les sean presentadas de forma inteligible habida cuenta de su edad.

*El esquema corporal como realidad vivida.* «Nacemos, dice el doctor Espinosa Aroca, sin tener consciencia de nuestro esquema corporal, que empieza a formarse entre los cinco y los diez años; el niño de menos de cinco años sigue sus impulsos, no sabe 'reflexionar' un movimiento en el sentido de representárselo, es decir, que no tiene capacidad de 'intelectualizarlo'». Y, citando a Germaine Rossel, educadora de niños, precisa: «Para memorizar actitudes o movimientos hay que tener cierto grado de evolución mental (algunos adultos nunca lo consiguen, y esta carencia les coloca en la imposibilidad de poseer una imagen de sí mismos y, en consecuencia, de su esquema corporal).
A partir de los cinco años, el niño empieza a tomar conciencia de su cuerpo en relación con el mundo circundante: padres, objetos, etc.
La psicomotricidad y el desarrollo mental evoluciona-

rán paralelamente, dándose una influencia recíproca entre los dos campos de cara a un progreso de la motricidad y de la inteligencia, progreso a veces interrumpido o retrasado.

*El principio de acción positiva.* El doctor Espinosa Aroca se había ocupado hasta entonces sobre todo de los puntos neurálgicos de la infancia (problemas, conflictos, etc.). Los trastornos y los síntomas desaparecían, pero los aspectos negativos se veían generalmente reforzados, contribuyendo a hacer a los niños neuróticos.

Era la época en que el profesor Turner, presidente de la Unión internacional de educación sanitaria, comisionado por la Organización Mundial de la Salud y por la UNESCO, acababa de expresar el deseo de que en materia de salud mental el niño aprendiese:

— a concentrar su atención;
— a interesarse por la felicidad y el bienestar de los demás;
— a desarrollar sus capacidades de reposo;
— a adquirir cada vez mayor confianza en sí mismo;
— a saber aprovechar sus capacidades;
— a expresar sus emociones de forma adecuada, etc.

## Un método audiovisual explica a los niños los principios de la sofrología

Espinosa Aroca piensa que la sofrología puede constituir un medio práctico de lograr esa higiene mental preconizada por el profesor Turner. Pero antes hay que poner al alcance del niño las nociones anteriormente evocadas de esquema corporal, de niveles de consciencia, etc. El doctor Mariano Espinosa Aroca creará un método audiovisual compuesto de diapositivas dibujadas, cada una de las cuales presenta de forma sencilla y comprensible las distintas etapas del proceso de sofronización adaptado a la mentalidad de los niños●.

● Sólo se modifica el *terpnos logos* con la introducción de un relato recreativo, por ejemplo: un agradable paseo colectivo en bicicleta hacia un lugar del bosque donde cada uno pueda elegir su sitio preferido.

Hecho esto, los ejercicios practicados serán exactamente los de la relajación dinámica de Caycedo en la totalidad de sus tres grados. Durante el tercer grado se les pedirá que se formulen esta pregunta: «¿Qué he hecho hoy de bueno?»

Al principio, Espinosa Aroca y su equipo se ocuparon fundamentalmente de niños psicóticos desestructurados•. Los primeros resultados obtenidos con las técnicas de sofronización son muy significativos. Al tomar conciencia de su esquema corporal como realidad vivida, el niño ve progresivamente mejorar su rendimiento escolar, correspondiéndose con la cifra de su cociente intelectual. Estos resultados prueban también que la activación de las percepciones es máxima cuando el niño está en el nivel sofroliminal (y, en consecuencia, más eficaz que en el nivel de vigilancia normal). Por otra parte, los testimonios recogidos entre los padres muestran que el niño que practica el principio de acción positiva se vuelve otro. Ve afirmarse su personalidad y adaptarse más fácilmente a su entorno familiar y escolar•.

• Olvidando, dirá más tarde Espinosa Aroca, a la gran masa de la población infantil normal.

• La mayoría de los niños entrenados en la relajación dinámica de Caycedo piden ser admitidos de nuevo en ciclos de entrenamiento para mejorar aún sus tests comparativos.

**La sofropedagogía pediátrica actúa en el campo de la higiene mental de los niños**

»Hasta ahora, dice el doctor Espinosa Aroca, carecíamos de métodos adecuados para llegar prácticamente a toda la población infantil, que incluye la infancia, la preadolescencia y la adolescencia. Nuestra adaptación pediátrica de la relajación dinámica de Caycedo es actualmente el primero y único medio de que disponemos para actuar sin peligro y de manera positiva. Nuestras constataciones nos llevan a pensar que las teorías e hipótesis que sostienen la imposibilidad de abordar las pulsiones, los reflejos y los instintos, son indefendibles. Ahora estamos seguros de que un niño que «pisa su propia arena mental» y asocia método y solución del conflicto, elimina casi siempre sus neurosis y equivalentes psicosomáticos». Mientras en sofrología estática era muy difícil mantener la atención del niño, con la relajación dinámica de Caycedo se vuelve sin esfuerzo más atento a los ejercicios de los tres grados, que practica a su propio ritmo sin verse distraído por los ruidos, los movimientos o la respiración de los otros. En el momento de la desofronización, espera en silencio que el resto del grupo haya terminado también.

La práctica en grupo de este método permitirá ponerlo al alcance del mayor número posible (tanto en el marco escolar como en organismos privados), en condiciones de participación financiera razonables. La aplicación sistemática es algo previsto ya en algunos colegios de España por un precio módico. No costará más que un entrenamiento en natación o gimnasia. La sofrología puede en lo sucesivo ofrecer un sistema pedagógico original. La implantación del método se ha iniciado ya en Madrid, donde los resultados conseguidos y metódicamente estudiados contribuyen a hacerlo progresar día a día.

Las tres experiencias francesas presentadas a continuación• constituyen ejemplos de adaptación de métodos sofrológicos a la enseñanza y a la formación. Estas experiencias se están llevando a cabo actualmente; en consecuencia, no cabe aún extraer de ellas conclusiones definitivas.

• La experiencia del liceo Voltaire, la experiencia del centro de formación y perfeccionamiento de periodistas, y la experiencia del liceo de Calais.

## La experiencia del liceo Voltaire

Jean Cureau es profesor agregado de inglés en el liceo Voltaire de París. Tras quince años de enseñanza con el método clásico y diez con el método audiovisual, piensa que el estadio audiovisual hay que superarlo. Entonces encauza sus esfuerzos hacia las técnicas de expresión y todo cuanto puede facilitar esta última: el uso de los distintos modos de relajación, desde luego, pero también el conjunto de los trabajos realizados en el campo de la acústica, sobre todo con ayuda de aparatos electrónicos.

En 1974 Jean Cureau solicita autorización de investigación espontánea cerca del grupo interacadémico de investigación y animación pedagógica•, autorización concedida a finales del mes de abril de ese mismo año.

• Este grupo comprende cuatro rectores, veintiún inspectores, cinco profesores de universidad y cuatro secretarios generales de academia.

*El método*

Jean Cureau enseñará primero a sus alumnos (de doce a catorce años) a relajarse. «No es cosa fácil, dice, recuperar a un grupo de treinta niños a quienes habrá que modificar su comportamiento habitual en una hora, y entre otras dos clases que nada tienen que ver con el inglés».

Cada lección empieza por una sesión de relajación durante la cual se utilizan distintos métodos: training autógeno de Schultz, relajación de Jacobson, relajación estática, relajación dinámica.

La relajación tiene por objeto aumentar la disponibilidad del niño y mejorar su capacidad de es-

cucha. Después de esto, a lo largo de la sesión se realizarán otros ejercicios, sobre todo con ayuda del Suvag Lingua•. Siguen ejercicios de cinestesia en correlación con los ejercicios de escucha, y finalmente la psicotecnia de expresión espontánea.
Durante el segundo año escolar, la base de los trabajos seguirá siendo la misma: relajación al principio, utilización del Suvag Lingua y de la acción recíproca y conjugada de las técnicas acústicas y cinestésicas.
Jean Cureau introduce en sus cursos la técnica del drama, método inglés nacido de los ejercicios de aprendizaje del arte dramático.
Adaptada al estudio de las lenguas, consiste en hacer representar y vivir a los alumnos situaciones en inglés. Finalmente, Jean Cureau emprende una investigación sobre las necesidades de lenguaje reales de los alumnos, a menudo muy distantes de las nociones que se les quieren inculcar.

*Sus objetivos*
«La relajación, dice también Jean Cureau, sólo es una parte de la búsqueda, pero una parte esencial, habida cuenta de los objetivos que perseguimos con estos cursos:
— logro de una actitud de disponibilidad acústica, visual y motriz de los alumnos;
— creación de las condiciones de atención y concentración;
— creación de mejores relaciones en el grupo.»

*Sus resultados*
A nivel de los resultados, Jean Cureau es explícito

• El Suvag Lingua es un aparato que debemos a los trabajos de los fonetistas de Zagreb y que permite oír las frecuencias de la lengua que se estudia (frecuencias a veces inaudibles en la lengua materna).

sobre un punto: «Abrimos los oídos de los alumnos, y ya no tenemos problema de acento. En cuanto a lo demás, se da una mejor disponibilidad de los alumnos, que ahora consideran muy natural quitarse los zapatos para aprender inglés, o venir a tumbarse en una sala sin mesas, lo que no resultaba evidente al principio. A nivel del grupo, se logra en definitiva una mayor homogeneidad, lo que indiscutiblemente contribuye a hacer más fáciles las clases».

Por último, es importante señalar que todos los padres de los alumnos son advertidos del nuevo método al iniciarse el curso, y nadie hasta el presente lo ha rechazado para su hijo.

*¿El futuro?*

Jean Cureau tiene previstas ya sus próximas sesiones. Puede decirse que serán a base de relajación dinámica, tratando de asociar al máximo el movimiento y la expresión espontánea.

«Hablamos, dice, con todo nuestro cuerpo; la palabra es un equilibrio tensional de cada instante; todos los músculos, sin excepción, quedan interesados cuando nos expresamos. El aprendizaje de una lengua extranjera implica una reeducación del oído (que se comporta como patológico ante la lengua extranjera) y una reeducación de la motricidad (al tener cada lengua sus características motrices). No pueden disociarse estas dos reeducaciones».

### La experiencia en el Centro de formación y perfeccionamiento de periodistas

Fanny Saféris aplica los métodos sofrónicos en el marco del Centro de formación y perfeccionamiento de periodistas, también para la enseñanza del inglés.
El primer año la experiencia se inició con un grupo integrado por diez adultos. El método aplicado por Fanny Saféris consistía en una sofronización simple, en francés, al comienzo de cada sesión. Cuando el grupo se hallaba a nivel sofroliminal, Fanny Saféris decía en inglés, pero con el tono del terpnos logos, un texto breve que el grupo había de esforzarse en memorizar.
Al cabo del primer año, Fanny Saféris enjuicia la experiencia con mucha modestia: «No cabe hablar de resultados en un período tan corto, dice; no olvidemos que en formación de adultos sólo disponemos de tres horas semanales, lo que es demasiado poco frente a las enseñanzas iniciales de los liceos y colegios. Lo que he podido constatar es una mayor asiduidad de los miembros del grupo• y un deseo unánime de continuar». Decidida a continuar la experiencia, Fanny Saféris crea un segundo grupo en el que estructura más las lecciones y la realización de los ejercicios.

• La falta de constancia de los adultos es una de las dificultades encontradas por los profesores dedicados a la formación permanente.

*El primer grupo: los antiguos*
Para el primer grupo, que está en su segundo año, Fanny Saféris utiliza las técnicas de sofroaceptación progresiva. Las tres primeras semanas se

consagran a la toma de conciencia del cuerpo, y las tres siguientes a la visualización de una escena agradable. Durante tres semanas más el grupo hará ejercicios de proyección en el futuro.
En todos los casos, una parte de la lección tiene lugar al principio de la clase durante la sofronización, que ahora puede superar los diez minutos del primer año•.
En el nivel del terpnos logos se han realizado igualmente ciertos ensayos. Al principio todos los textos se grababan en cassettes para cada período de tres semanas. Una vez terminados esos ejercicios específicos, Fanny Saféris reanudó la sofronización directa, que parece dar mejores resultados. También se ha introducido la música como fondo sonoro a la voz (Albinoni, Vivaldi, Bach y hasta cantos gregorianos), y parece que la asociación del terpnos logos con la música facilita la búsqueda del estado sofroliminal y su persistencia.

• Fanny Saféris dice que son a menudo los mismos alumnos quienes piden que se prolongue la sofronización.

*El segundo grupo: los principiantes*

Con el segundo grupo de principiantes, Fanny Saféris no actúa de la misma forma. La clase empieza con un tiempo dedicado a preparar la lección, la sofronización se realiza hacia la mitad de la sesión, y se aprovecha el instante sofroliminal para efectuar la lectura de la lección anteriormente preparada.
¿Los resultados? También aquí Fanny Saféris quiere ser modesta y prudente; no pueden juzgarse los efectos de un método sobre la base de un período tan corto. Además, la formación perma-

nente no lleva a controles o exámenes; hay, pues, que fiarse de las declaraciones de los participantes recogidas en cuestionarios de control. Algunos han retenido mejor las lecciones, otros han constatado modificaciones en su vida personal, a nivel del sueño sobre todo que es mejor, otros finalmente no han advertido cambios significativos.

Una sola certeza: todos quieren continuar, lo que tendería a probar que incluso en la sofronización, técnica esencialmente individual, el grupo desempeña un papel importante. Es una enseñanza que Fanny Saféris ha sacado igualmente de la experiencia realizada en la universidad de París-III.

«Las cosas no salieron demasiado bien, reconoce honradamente, pero fue culpa mía; trabajábamos en el laboratorio de lenguas, y dejé a cada participante en su cabina. El aislamiento creado por estas condiciones no es favorable en el momento de la desofronización y, sobre todo, de la discusión que obligatoriamente ha de seguirla. Sí, el grupo es útil en sofropedagogía, y particularmente si se quiere ir más lejos y hacer practicar los métodos de la relajación dinámica, basada enteramente en el movimiento.»

**La experiencia del liceo de Calais**

El profesor de filosofía de la terminal G había invitado al doctor Davrou a presentar la sofrología a sus alumnos. Se habían previsto dos sesiones de una hora, la primera teórica (explicaciones, preguntas, discusión) y la segunda práctica. El doctor Davrou eligió a título experimental realizar esa sesión práctica durante la clase de estenografía. La clase empezaba por un dictado de tres minutos al ritmo de cien palabras por minuto, ritmo que los alumnos acaban de conseguir. Al término del ejercicio los alumnos, enervados y molestos, protestan contra la rapidez de la lectura y la complejidad del texto. El doctor Davrou procede entonces a la sesión de sofronización simple, permaneciendo cada alumno en su sitio y en la postura más cómoda posible. Diez minutos después, tras una recuperación progresiva y completa, el profesor de estenografía dicta (a la misma velocidad de cien palabras por minuto) otro texto para que no haya ni habituación ni memorización. En conjunto, el ejercicio es mejor tolerado que el anterior y los resultados son también mejores, aunque muchos alumnos señalan haber sentido dificultad en adaptarse durante el primer minuto, como si aún no estuvieran del todo despiertos (era, recordémoslo, su primera sesión de sofronización).
A continuación se dictó un tercer texto en las mismas condiciones de rapidez. Esta vez los resultados fueron del todo positivos:
— El número de palabras recogidas durante este

ejercicio fue mayor que en el segundo, y *por supuesto* mayor que en el primero, antes de la sofronización.

— Los signos estenográficos muy «puntiagudos» y casi intraducibles para algunos en el primer ejercicio, en el segundo y tercero tienen la redondez requerida y, por consiguiente, una legibilidad muy buena.

«Pero sobre todo, dice el doctor Davrou, pude constatar que los alumnos, como el deportista de tiro al plato•, sufrían una modificación de la noción de tiempo, como si la sofronización, por la disponibilidad y la concentración que aporta, llevase a vivir más intensamente, 'más largamente', instantes incluso muy breves».

• Ver pág. 194.

Posteriormente se realizaron otros ensayos, cuidando especialmente la recuperación del nivel de vigilancia, y pidiendo sobre todo a los alumnos, durante la sofronización, que se preparasen a un nuevo dictado rápido, lo que eliminaría el efecto de sorpresa, siempre un poco stressante.

Los resultados fueron en todos los casos muy convincentes, confirmando que se podría, sin modificaciones importantes de los programas, ayudar a los alumnos de liceo a presentarse a los exámenes en las mejores condiciones. Algunos de ellos pidieron al doctor Davrou cassettes sonoras para entrenarse en casa• y mejorar así sus resultados escolares. También pudieron constatar mejorías en distintos niveles de su vida personal, pero esta es otra cuestión.

• Esta, recordémoslo, es una de las ventajas del método: sencillez de uso, diez minutos de ejercicio a realizar diariamente en el momento que se desee.

# Un campo privilegiado de aplicación: la obstetricia

La sofropedagogía obstétrica es un método de preparación al parto, más exactamente llamado método de educación maternal del doctor Aguirre de Cárcer (Madrid), que se inspira desde luego en las técnicas sofrónicas, pero que recurre también a ciertas aplicaciones del psicoanálisis, del parto natural de Read y del método psicoprofiláctico.
En las páginas que siguen vamos a ver el método de educación maternal del doctor Aguirre de Cárcer (Madrid), así como algunos métodos que se inspiran en éste por lo que atañe a los principios sofrológicos, pero que se distancian de él desde otros puntos de vista.

## EL METODO DE EDUCACION MATERNAL DEL DOCTOR AGUIRRE DE CARCER

El doctor Aguirre de Cárcer, médico psicosomatista, ha dirigido durante más de doce años una maternidad de Madrid. Ha preparado personalmente a una veinte mil madres gestantes, ha visitado numerosos centros y escuelas de obstetricia, y ha adquirido una formación psicológica a la vez teórica y práctica, concretada finalmente por una formación psicoanalítica. Insatisfecho de las técnicas hipnóticas, algo decepcionado pro-

bablemente por los métodos psicoprofilácticos y apasionado por la sofrología, elaboró un método llamado «método de educación maternal» y que, de hecho, se interesa más por la mujer misma que por el dolor.
Para Aguirre de Cárcer, este método no es solamente una preparación al parto, sino que favorece también el desarrollo físico y psicológico de la gravidez, enseñando así a la mujer a convertirse en madre. Gravidez, parto y maternidad son tres puntos indisociables.

FUENTES DE INSPIRACION

1. *La hipnosis.* La hipnotización como técnica del parto sin dolor se conoce desde finales del siglo pasado•.
El proceso de hipnotización se utiliza, sea durante el mismo parto, sea en una preparación hipnótica previa. El hipnotizador emplea en general la sugestión verbal con la técnica de la fijación de los ojos. Las sesiones de hipnotización comprenden sugestiones de pesadez, de calor, de fatiga muscular, de sueño y de analgesia. El fin principal de esta técnica es evidentemente la abolición o la disminución del dolor. Pone de manifiesto que el dolor en el parto puede eliminarse por simple sugestión verbal. Además, no tiene peligro alguno para la madre ni para el niño. Sus inconvenientes son la pasividad del sujeto y su total dependencia del hipnotizador. Hay que señalar igualmente el gran número de fracasos registrados. Sin embargo, este método tiene en su haber el que ha podido mostrar la realidad de la denominada analgesia verbal.

• Por lo demás, a la hipnosis se remontan los primeros resultados de analgesia obstétrica no medicamentosa.

2. *El método de Read.* Este método, denominado también «parto natural», se basa en el postulado de que el parto normal es indoloro. Según Read, son los factores socioculturales los que hacen doloroso el parto. Read explica así el dolor mediante un círculo vicioso miedo-tensión-dolor:
— *El miedo* proviene de la sociedad, del medio cultural, de lo que la mujer ha oído decir sobre el parto.
— *La tensión* es, de hecho, un reflejo de defensa.
— *El dolor* es la consecuencia fisiológica de esa tensión. En

efecto, la mujer que tiene miedo aumenta su tensión muscular y contrae así las fibras musculares del cuello del útero. Es la contracción del cuello del útero la que provoca el dolor.

Read intentará, pues, eliminar el miedo, base del dolor según él. Para lograrlo elige medios didácticos, fisioterápicos y psicoterápicos.

— *Los medios didácticos* comprenden charlas preparatorias, que tienen por objeto informar y tranquilizar a la mujer en torno a lo relacionado con el parto.

— *Los medios fisioterápicos* comportan ejercicios de relajación progresiva inspirados en el método de Jacobson, masajes lumbares que han de darse durante el parto, ejercicios de gimnasia muscular y de respiración.

— *Los medios psicoterápicos* consisten en crear un clima de confianza informando a la mujer sobre lo que va a pasar, y preparándola al empleo de las sugestiones al final de la dilatación.

Ciertos autores, como el doctor Prill, han asociado el método Read y el training autógeno de Schultz. El principal mérito de Read consiste en haber insistido en la necesidad de una completa información de la gestante y en la instauración de un clima de confianza (esencial para el buen desarrollo del parto).

3. *Los métodos psicoprofilácticos (M.P.P.) Velvoski-Nikolaiev.*
En la URSS Velvoski, discípulo de Pavlov, se inspiró en las técnicas hipno-sugestivas aplicadas al campo de la analgesia obstétrica, creando un método más elaborado y menos empírico. Según él, el dolor no se produce necesariamente en un parto normal. Ese dolor no es fisiológico sino psicológico, y depende probablemente de factores de tipo emocional, que se añaden a las modificaciones biológicas experimentadas por el cuerpo de la mujer (Nikolaiev).

Dado que para Velvoski el dolor en el momento del parto no es fisiológico, hay que prevenirlo más que calmarlo: de ahí la denominación de método psicoprofiláctico.

La preparación psicoprofiláctica se basa:

— en una enseñanza teórica de anatomía y de fisiología del parto;

— en un aprendizaje de la relajación y de la respiración•;

• La mujer deberá entrenarse en toda una serie de técnicas respiratorias específicas, como la «respiración menor» o «respiración jadeante», que comporta de hecho una aceleración del ritmo y una disminución de la amplitud de los movimientos que han de utilizarse en ciertos instantes del parto.

— en conferencias tendentes a demostrar que el dolor en el parto es un simple reflejo condicionado que se puede eliminar perfectamente.
Este método psicoprofiláctico es, de hecho, un verdadero método de desensibilización o de descondicionamiento al dolor. Aquí tienen gran importancia la respiración y los ejercicios de contracción-descontracción, que finalmente prevalecerán sobre el reflejo dolor y descondicionarán a la parturienta.
El método psicoprofiláctico ruso constituye la base de todas las técnicas de preparación al parto sin temor, y especialmente de las introducidas en Francia por el doctor Lamaze• y el doctor Velay•.

• Dr. Lamaze, ginecólogo francés que introdujo en Francia el parto sin dolor.
• Dr. Velay, alumno de Lamaze, que contribuyó a desarrollar el método PP.

4. *El psicoanálisis.* La técnica psicoanalítica trata de eliminar los trastornos emocionales mediante la revelación de pensamientos ocultos en el inconsciente. El método psicoanalítico podría así descubrir en la mujer gestante conflictos reprimidos, como el rechazo de la maternidad, que corre el riesgo de perturbar eventualmente el desarrollo del parto mismo. Es evidente que un verdadero psicoanálisis no puede intentarse en una parturienta, puesto que superaría con mucho el plazo de nueve meses. Pero cabe inspirarse en conceptos psicoanalíticos para ayudar a la paciente a descubrir ciertas represiones, e incluso ciertos conflictos perturbadores. Esta investigación de inspiración psicoanalítica sólo puede realizarla un experto psicoanalizado o psicoanalista. Lo que explica la importancia de la primera entrevista y de las discusiones posteriores.

5. *La sofrología.* En 1968 Hassler puso de manifiesto que el dolor es un fenómeno de consciencia y un proceso psicosomático. Sobre un elemento de base orgánica (por ejemplo, una inflamación) y por tanto objetivo, existe un elemento reaccional psicológico (sensación dolorosa), subjetivo; Chertok, por otra parte, ha escrito que «el parto es un proceso psicosomático por excelencia. Sobre una base somática cuyo fenómeno más ostensible es la contracción uterina, se produce una sensación dolorosa que puede aumentar debido a un condicionamiento sociocultural». El dolor es, pues, un fenómeno de consciencia, un proceso psicosomático que tiene

generalmente como base una contracción muscular, y cuya intensidad dolorosa es a la vez función de la personalidad, del condicionamiento sociocultural, de la atención prestada al fenómeno y de la angustia del sujeto. A partir de estas constataciones se comprende fácilmente el interés que presenta la sofrología (técnica de sofronización simple o técnicas más específicas de hipoalgesia sofrónica•).

— *La sofronización simple* actuará como una psicoterapia de relajación y de persuasión. La distensión muscular actuará principalmente sobre los elementos fisiológicos correspondientes, tales como los espasmos, las contracciones y, por consiguiente, sobre el dolor; actuará igualmente como respuesta antagónica de la angustia. Además, dado que modifica la consciencia en el sentido de estrechamiento de su campo y de disminución del nivel de vigilancia, la sofronización simple lleva a una concentración de la atención y, por ende, a una disminución del dolor por distracción o diversión. Engendra también una modificación del esquema y de las vivencias corporales.

— *Las técnicas de sofroanalgesia* utilizan especialmente la persuasión y la sugestión directa para la disminución o abolición del dolor. Refuerzan los efectos de la sofronización simple y pueden utilizarse eventualmente como técnicas de urgencia. Consisten simplemente en sofronizar al sujeto (en colocarlo a nivel sofroliminal entre la vigilia y el sueño), en practicar una sofronización sensorial (sustitución de una sensación por otra) y en sugerir luego sensaciones de analgesia o de anestesia•.

Esta técnica, utilizada en un primer tiempo para la analgesia de la mano, se trasladará luego al útero.

• Como se verá más adelante, la sofroaceptación progresiva también interviene.

• Se pueden utilizar, por ejemplo, imágenes de manos frías o heladas, o completamente insensibles al hallarse enguantadas.

El doctor Aguirre de Cárcer ha extraído los puntos positivos de los métodos anteriores, que van de la hipnosis al psicoanálisis, pasando por el método psicoprofiláctico y el parto natural de Read. Se trata, pues, de una armonización del conjunto de esos métodos.

## PRINCIPIOS TEORICOS

La gravidez es un período de transformación a la vez anatómica y fisiológica, con repercusiones psicológicas que se hallan en función de la psicología propia de cada mujer. Aunque el parto puede considerarse como un acto natural, es evidente que rehusar a la mujer el que aprenda a parir equivale a abandonarla al miedo, a la angustia y a las consecuencias de una educación mala o inadecuada. Ante la angustia del parto, serán escasas las mujeres no preparadas que puedan reaccionar convenientemente. Muchas de ellas darán a luz en un mutismo completo; otras, en cambio, se manifestarán gritando, o expresarán su agresividad hacia la sociedad o, más aún, hacia el marido.

Es, pues, importante, frente a tales reacciones, preparar a la paciente a vivir su parto con plena consciencia, y dirigir su consumación de manera positiva para la maternidad. Se comprende, pues, la gran importancia de las conferencias y explicaciones anatómicas, fisiológicas y psicológicas relativas al estado de gravidez y al parto mismo.

Es evidente que el dolor depende de la personalidad de la paciente. Esto explica que sea posible atenuar y hasta suprimir el dolor de las contracciones y de la expulsión mediante una información correcta, una técnica apropiada que permita el control de la emoción y el control neuromuscular, y finalmente una explicación adecuada de la gravidez y la maternidad,

Un paciente acude a la consulta por un problema psicosomático y, al término de ella, pide al terapeuta una pequeña información. Su esposa estaba encinta —decía— y esperaba el alumbramiento para días inmediatos. Deseaba saber qué significado tenía el hecho siguiente: antes de salir hacia la consulta, su esposa había orinado mucho, expulsando según él no menos de dos litros de orina. Como se trataba probablemente de la rotura de la bolsa de agua, el terapeuta le preguntó si las contracciones eran fuertes, a lo que él responde sorprendido: «¿Qué contracciones? ¿Qué dolores?» El terapeuta le aconsejó entonces dirigirse inmediatamente en busca de su esposa y llevarla al hospital más próximo. Una hora después telefonea indicando que había llegado en el preciso momento en que su esposa daba a luz un niño lleno de vitalidad. Esta paciente, pues, nunca había sentido el más leve dolor. Se trata sin duda de un caso excepcional, pero conocido por cualquier partero.

La técnica de educación maternal es, pues, una técnica de información, persuasión y aprendizaje de la relajación, que tiene como objeto la preparación a una maternidad feliz.

## APLICACIONES PRACTICAS

El esquema básico del método de educación maternal comprende cinco lecciones, compuestas todas ellas de una exposición teórica, de una sesión de sofronización y de ejercicios respiratorios y kinesiterápicos, con el añadido eventual de una o dos películas relacionadas con la maternidad o con problemas conexos. Estas lecciones empezarán en el sexto mes de gravidez.

### *La primera lección*

La primera lección va precedida de una entrevista con la pareja, que permite suscitar los eventuales conflictos preexistentes y poner a punto una terapéutica si ésta resulta necesaria.

La primera sofronización, que es una sofronización simple tendente a dar a la paciente confianza y a eliminar ciertas resistencias, tiene lugar a continuación. Este ejercicio, que se realiza en grupo, concluye con dos ejercicios de respiración abdominal y torácica completa. La sesión incluye eventualmente la proyección de una película, y termina por una discusión con el médico.

*La segunda lección*

Comprende una clase teórica sobre la anatomía y la fisiología, y una nueva sesión de sofronización, que consiste en una sofroaceptación progresiva durante la cual se pide a los pacientes que vivan mentalmente, bajo sofronización, una situación real (de su vida diaria).

A esto se añaden ejercicios de gimnasia prenatal y el aprendizaje de la respiración superficial. La sesión concluye con la proyección de una película y la audición de un disco que comporta un mensaje madre-hijo dividido en dos partes, la primera destinada al período prenatal, y la segunda al período posnatal.

*La tercera lección*

Se basa en el aprendizaje teórico y práctico de la respiración, así como en la importancia de la relación madre-hijo y, eventualmente, de la lactancia. Durante esta lección se experimentan los dos primeros grados de training autógeno de Schultz, activado por la sofronización, el dolor y el calor. A esto se añaden ejercicios respiratorios y la gimnasia prenatal. Como siempre, la sesión concluye con la proyección de una o dos películas generalmente consagradas, en este sentido, al aborto espontáneo y a la madre célibe.

**Mensaje madre-hijo**

*I parte* (con fondo sonoro musical agradable)
Van pasando las horas, los días, las semanas y los meses. No te conozco, pero es igual: te veo sin verte, te escucho sin oírte, te acaricio sin tocarte, te siento sin sentirte, te conozco sin conocerte; te he soñado muchas veces, te he esperado tanto tiempo, sin miedo, con alegría, con amor; tu estás ahí, te percibo, te siento, eres mi paz, eres mi luz, eres mi felicidad. Ahora me doy cuenta de mi riqueza. Soy mujer. Escucha, escucha cómo late por ti mi corazón. (Se oyen latidos cardíacos). Pero ahora duerme, duerme (música), duerme, duerme, duerme...

*II Parte* (igual fondo sonoro que en la primera)
Quiero hablar un poco contigo. No tengas miedo, no son consejos de tu madre, los consejos no sirven para nada. Son sentimientos de tu madre. No seas tímido, expresa tus sentimientos, aunque provengan de la parte más profunda e íntima de tu ser. Intenta siempre ser humano, porque ser humano es amar la libertad. Y es justamente en esta libertad donde hallarás el gozo de tu vida. Intenta siempre ser fiel también a tus promesas, porque de esta forma serás sincero contigo mismo y, si lo consigues, serás bueno. No te detengas en el camino, sigue la ruta pensando que acaso de cada idea que tienes, de cada palabra que dices, de cada carta que escribes, de cada sonrisa que das, depende la dicha de la humanidad. Porque, verdaderamente, depende de eso. Pero ahora duerme, duerme, duerme (música), duerme, duerme...

*La cuarta lección*
Comprende una exposición sobre el tono muscular, durante la cual se enseña a las mujeres encinta la diferencia entre una contracción muscular, una descontracción muscular y el estado de relajación. El médico insiste igualmente en la diferencia entre las contracciones y los movimientos del niño, expone el papel de la formación reticular, y muestra la importancia del aprendizaje personal y la responsabilidad de la mujer encinta con respecto a ese aprendizaje.
La mujer aprende durante la sofronización a provocar las contracciones autosugestionándose. Esta sesión comprende siempre alguna gimnasia prenatal y los ejercicios respiratorios adecuados. Concluye generalmente con una película sobre el nacimiento.

*La quinta lección*
Esta lección es una enseñanza teórica de los distintos métodos de preparación al parto que hemos recordado. A esto se añaden los ejercicios de gimnasia prenatal y las técnicas de relajación mediante sofrosustitución sensorial y sofroaceptación progresiva.

*La sexta lección*
Explica detalladamente el período de dilatación y la expulsión, así como las distintas técnicas de relajación o respiración que han de practicarse durante el proceso del parto. Una vez más se realizan los ejercicios de gimnasia prenatal y se tiene una sesión de sofronización, durante la cual se pide a la mujer que viva su parto.

Estas seis lecciones constituyen el plan de preparación de educación maternal del doctor Aguirre de Cárcer, tal como se utiliza en los grandes centros de alumbramiento dentro y fuera de España.

Estas lecciones se destinan a grupos que comprenden hasta ochenta personas. Se trata, naturalmente, de un esquema teórico que en la actualidad ya probablemente no se sigue a la letra.

Durante esas sesiones de preparación se crea un diálogo continuo entre el equipo que prepara a las futuras parturientas y éstas. Al menor indicio de factores perturbadores, la mujer será orientada, eventualmente con su marido, hacia técnicas más especializadas, en grupo o individualmente. Así, se constituirán grupos de mujeres propensas a las náuseas y vómitos, grupos de solteras, o también grupos de parejas.

En el plano de las técnicas propiamente dichas, el doctor Aguirre de Cárcer ha añadido a las técnicas habituales de sofronización simple, de sofroactivación sofrónica, de sofrosustitución sensorial y de sofroaceptación progresiva, lo que denomina método discontinuo, que consiste en enseñar a entrar rápidamente en estado sofrónico contando de uno a cinco, y a sincronizar con la apertura y el cierre de los ojos la respiración torácica lenta•.

• Para una exposición más detallada del método discontinuo, ver la pág. 236.

## EL METODO DEL PARTO RESPONSABLE DEL DOCTOR HENRI BOON

Este método nació de la colaboración de un ginecólogo, el doctor Van der Vellen, dos kinesiterapeutas, Jean-Paul Crépin y Janine Boon Custin —madre de familia ella misma—, un psicólogo, Michel Overloop, y un psicosomatista, el doctor Henri Boon.

Tras haber estudiado el método de educación maternal del doctor Aguirre de Cárcer, pudieron elaborar este método gracias sobre todo a las posibilidades ofrecidas durante cierto tiempo por el doctor Mingeot, jefe del servicio de ginecología y obstetricia de la clínica Saint-Michel de Bruselas.

El presupuesto teórico y clínico de este método es que el parto no pasa de ser un epifenómeno• situado entre la gravidez y la maternidad.

• *epifenómeno:* fenómeno que viene a añadirse a otro.

Esta gravidez, al igual que el parto o la maternidad, va acompañada de transformaciones físicas y psicológicas conscientes e inconscientes en la mujer. Pero esas transformaciones repercuten también sobre el entorno familiar.

Las técnicas del sofrólogo deben, pues, hacer vivir el parto de una manera positiva, proponiendo a la mujer una buena aceptación de sí misma, de su feminidad y de su maternidad. Mientras en los otros métodos se remplaza el reflejo condicionado contracción-dolor por un reflejo diferente contracción-respiración, en estado sofrónico la mujer que da a luz no huye de las contracciones, sino que las vive en un estado de calma. Se puede, pues, hablar ya de un efecto positivo.

### Un método que se dirige a la pareja, padre y madre, hombre y mujer, y al niño

El método no se centra en el dolor, sino en la expansión global de la mujer, de su cónyuge y del niño. Al igual que Frédéric Leboyer• quiere crear con su método el clima necesario al niño, el doctor Boon y sus colaboradores esperan con este método lograr el clima favorable no sólo al niño sino también a la pareja. Por eso aconsejan siempre al marido que asista a las sesiones de preparación prenatal y participe en ellas lo más activamente posible.

• F. Leboyer: *Por un nacimiento sin violencia* (Barcelona, Daimon, 1977). Frédéric Leboyer ha puesto de relieve la importancia de un clima sereno y «sin violencia» en el nacimiento, coincidiendo así con las tesis psicoanalíticas que insisten en la importancia del traumatismo del nacimiento en la génesis de ciertos trastornos neuróticos.

El objetivo (acaso ideal) de este método es preparar a la mujer y a su cónyuge para la gravidez, el parto y la maternidad de forma totalmente independiente de quienes van a prestar su colaboración a ello. El equipo médico es considerado como un equipo de socorro que sólo interviene cuando es verdaderamente necesario. Por eso, desde el comienzo de las sesiones de preparación prenatal, el kinesiterapeuta advierte que no asistirá al parto. Sin embargo, si se reclama su presencia, se considera esto como un fracaso del método. En efecto, si la mujer no ha dado bien a luz o ha tenido necesidad del kinesiterapeuta, significa que estaba mal preparada. Cabe pensar que las mujeres que han seguido este método parirían más fácilmente asistidas por el kinesiterapeuta; pero entonces no tendrían la satisfacción de haberles bastado la compañía de su marido para llevar a buen término el parto, lo que sería una lástima. Se trata, en efecto, de un método de aceptación progresiva destinado tanto a las parturientas sin ningún problema psicológico al menos en apariencia, cuanto a las pacientes que lo tienen•.

• Hay que añadir sin embargo que este método se destina también a las madres solteras y a las parejas con alguna dificultad.

**Plan del método de parto responsable•**

1. ENTREVISTA PREVIA
   Anamnesia psicológica
   Explicación del parto
   Explicación del método
2. ENTRENAMIENTO PRENATAL
   kinesiterápico:
   — muscular
   — respiratorio
   sofrónico:
   — introducción
   — las diez sesiones
3. DINAMICA DE GRUPO
   Lección de puericultura
   Película
   Discusión
4. PARTO
5. ENTRENAMIENTO POSNATAL

• Las páginas que siguen exponen de manera concreta y práctica la técnica tal como ha sido vivida por dos kinesiterapeutas, Rita Van de Casteele y Anne-Marie Depoorter, que se iniciaron en el método del parto responsable, y que luego escribieron dos tesis de fin de estudios kinesiterápicos. Estas paginas se inspiran en parte en esas dos memorias.

## 1. ENTREVISTA PREVIA

*Anamnesia psicológica*

La anamnesis psicológica consiste en una entrevista de la pareja con el psicosociólogo (eventualmente puede tratarse del ginecólogo, del psiquiatra o del psicólogo) responsable de la educación maternal.

El que hace la anamnesia psicológica puede, pues, ser alguien ajeno a la medicina que trabaja en estrecha colaboración con el equipo médico y paramédico responsable de la expansión maternal de la mujer. Durante esa entrevista, la gestante y su marido formulan preguntas, manifiestan sus temores, precisan su actitud ante la gravidez. Esta entrevista previa es de una importancia fundamental. Permite pronosticar relativamente las dificultades que presentará la mujer a lo largo de su preparación, así como el comportamiento y la sensación dolorosa durante el parto.

El simple hecho de que la paciente venga a la primera consulta sola o con su marido, es significativo para el sofrólogo y decisivo para la evolución de la maternidad•.

• En efecto, o el marido no puede o no quiere venir.

Tras la confección de la ficha, el terapeuta inicia un diálogo con la pareja a fin de captar los eventuales problemas.

En la mayoría de los casos la mujer confesará al terapeuta cierto miedo, cuyas razones pueden ser diversas y perfectamente justificadas:

— rechazo de la paternidad en el caso de una mujer no casada;

— mala situación económica de la pareja; espacio vital insuficiente;

— problema de la guarda del niño, etc.

Se trata de ejemplos en los que el miedo es consciente y lógico. Sin embargo, hay casos en que el miedo puede ser inconsciente.

*Interrogación sobre el sexo del niño*
«¿Qué prefiere usted, niña o niño, y por qué?
Respuesta: «Niño».
— «Quiero que sea como mi marido». Respuesta muy positiva (señal de una excelente relación en la pareja).
— «No me gustan las niñas».
— «La mujer ha venido a sufrir».
Respuestas negativas (rechazo de la feminidad).
Respuesta: «No tengo preferencia». Respuesta positiva en general.
Respuesta: «Niña».
— «Porque soy una mujer». Respuesta positiva dado que acepta la feminidad.
— «No sé por qué, he preferido siempre una niña, está más próxima a la madre». Respuesta no muy positiva (la mujer trata de proyectarse en la hija).
En conjunto, esta elección tiene gran influencia sobre el pronóstico del parto.

INTERROGACION SOBRE LA GRAVIDEZ
«¿Duerme bien?» El insomnio posee un gran valor desde el punto de vista del pronóstico. Un buen sueño es señal de buena salud moral.
«¿Tiene pesadillas?» Las pesadillas permiten conocer la situación psíquica de la mujer grávida.
«¿Tiene vómitos, náuseas?» Las náuseas y vómitos, muy frecuentes en los primeros días de gestación, reflejan a menudo una necesidad inconsciente de verse libre de la gravidez. La desaparición de estos síntomas hacia el tercero o cuarto mes sucede, en general, a los primeros movimientos del niño, que llevan a la madre, al tomar conciencia de la individualidad de su bebé, a soportar mejor su gestación. Pueden igualmente intervenir otros factores, como una gravidez ilegítima, una frigidez con rechazo del papel de madre, importantes

trastornos de la dinámica de la pareja, temores relativos a la gestación y el nacimiento•.

• También aquí los factores socioculturales juegan un papel considerable. Entre los pueblos primitivos, como los esquimales y los africanos, la gravidez es considerada como algo muy natural; raras veces va acompañada de manifestación inconsciente de rechazo o de vómitos.

**¿Cuáles pueden ser las razones del rechazo inconsciente?**

— miedo a los dolores;
— miedo a que el niño sea anormal;
— miedo a la muerte;
— miedo a perder el afecto del marido: mujer inmadura, infantil;
— miedo a las responsabilidades de ser madre: personalidad inmadura;
— miedo a perder la propia personalidad;
— miedo a quitar el puesto a su madre: mujer inmadura.

Cuanto más se prolonguen en el tiempo los vómitos, peor será el pronóstico. En el 80 a 90 % de los casos, si persisten después del tercer mes, significan un rechazo inconsciente del niño.
«¿Qué hará después del parto?»
«¿Trabaja?», etc.
En resumen, los tres puntos principales que repercuten sobre el parto son:
— el rechazo de la feminidad y los problemas de la pareja;
— el rechazo de la maternidad;
— la tendencia regresiva.

*El pronóstico*
A partir de las respuestas de la mujer, el terapeuta formula un pronóstico. Consumado el parto, hay que diferenciar los resultados entre comportamiento y dolor. Ciertas mujeres pueden tener un comportamiento excelente pese a sufrir un parto bastante doloroso.

Otras, por el contrario, no tienen un buen comportamiento, pero luego confiesan que, en el fondo, el dolor era soportable. Si se les pregunta por qué se comportaron de ese modo, responden que tenían miedo, que querían ver al médico, que deseaban que alguien se ocupase de ellas.

*Explicación del parto*

Esta explicación comporta:

— un poco de anatomía, es decir, todo lo que una mujer debe saber para comprender el mecanismo de un parto;

— un poco de fisiología, la necesaria para saber cómo conducirse durante la gestación.

*Explicación del método*

— Respiración: «Tiene que aprender a respirar bien, por usted y por el niño. Se juega en ello la futura personalidad de su hijo. Tiene que aprender a respirar bien, no sólo porque el parto es un gran esfuerzo para la mujer, sino también porque, cada día más, la respiración se ha revelado como un factor que influye en el desarrollo del niño».

— Relajación: «Tiene que aprender a relajarse bien siguiendo las técnicas más modernas y eficaces».

¿Por qué? «Porque una persona relajada es una persona tranquila, y queremos que usted esté muy tranquila en el momento del parto; porque la relajación, al facilitar la dilatación, favorece el parto; porque la relajación es útil para controlar sus emociones. El dolor no es concebible sin la emoción. Así, todo control de sus emociones controlará también su sensación dolorosa».

— Esfuerzos de expulsión: «Tiene asimismo que aprender a conducirse bien durante la expulsión, es decir, a adoptar la postura más correcta y a saber empujar eficazmente cuando su partero le diga que lo haga.

— Gimnasia: «Realizará ejercicios de gimnasia prenatal para estar en forma durante la gestación y también en el momento del parto.

ENTRENAMIENTO PRENATAL

Este entrenamiento prenatal tiene lugar una vez por semana durante diez semanas, del sexto al noveno mes; se invita a los padres a que asistan a esas diez sesiones. Además, la tarde de un sábado las parejas pueden participar en un curso de puericultura, en una dinámica de grupo y en la proyección de una película sobre el parto.

Este entrenamiento comprende dos vertientes, un entrenamiento kinesiterápico que resumiremos, y un entrenamiento sofrónico que presentaremos a continuación.

*El entrenamiento kinesiterápico*

El entrenamiento kinesiterápico comporta ejercicios musculares y ejercicios respiratorios.

Los ejercicios musculares se destinan a:

— Tonificar los músculos.

— Corregir la estática vertebral. Si la banda abdominal no es suficientemente tónica, habrá compensación en lordosis lumbar•. Para evitar las algias lumbares hay que enseñar a la mujer las retroversiones de la pelvis. Estas serán igualmente útiles para la expulsión del bebé el día del parto.

• *lordosis lumbar:* desviación anteroposterior de la columna vertebral.

— Evitar la acentuación de la lordosis lumbar. Para ello se enseña a la mujer el medio de controlar los músculos abdominales y la región lumbar en los gestos de la vida corriente, tales como pasar de la posición de pie a la posición sentada en el suelo o de recoger un objeto cualquiera, etc.

— Mejorar la circulación sanguínea en los miembros inferiores. El aumento de peso que deben soportar las piernas, así como las ligeras compresiones circulatorias que pueden producirse a nivel de la pelvis, hacen a menudo menos eficaz la circulación en los miembros inferiores. Por eso toda gimnasia prenatal va acompañada de ejercicios circulatorios. Además, los mismos ejercicios facilitan la circulación de retorno, a fin de evitar cualquier estancamiento sanguíneo.

— Relajar los aductores•, familiarizando así a la mujer encinta con la postura requerida para el parto.

• Aductores: músculos que aproximan un segmento del cuerpo a la mitad del cuerpo.

Los ejercicios respiratorios se orientan a:

— Mantener una buena oxigenación durante la gestación (se constata un aumento de la frecuencia respiratoria y de la capacidad vital• en la mujer) y en el momento del parto (hay demanda de oxígeno por parte del organismo fetal y por parte del músculo uterino en contracción).

• Capacidad vital: volumen de aire pulmonar almacenado.

— Hacer tomar conciencia de la respiración diafragmática y de la respiración torácica (en período de dilatación la mujer adoptará la respiración torácica, mientras que la respiración diafragmática corresponderá a la fase de expulsión). Estas distintas respiraciones se enseñan una después de otra, a lo largo de diez sesiones de preparación.

## Los tres tipos de respiración

*La respiración torácica*

Tiene por objeto evitar cualquier presión sobre el útero. En efecto, el diafragma baja en la inspiración y crea una presión que puede ser causa de dolor. En la respiración torácica la amplitud respiratoria no es máxima:

— Respiración torácica lenta (la más importante): es la que la paciente adoptará durante sus contracciones, tratando de mantenerla el mayor tiempo posible. Se asocia a la relajación.

— Respiración torácica rápida (o acelerada): es mucho más fatigosa que la respiración torácica lenta a la que sigue. Este tipo de respiración ha de emplearse al fin de la dilatación, lo más tarde posible y sólo si es necesario.

*La respiración diafragmática*

Las inspiraciones provocan un descenso del diafragma sobre el útero, sin llegar a tocarlo. En el momento de la expulsión esta presión, ayudada por una contracción voluntaria de los músculos abdominales, favorecerá la salida del niño.

*La respiración antiempuje*

Se trata de una respiración rápida abdominal que se emplea al fin de la dilatación, cuando la mujer siente ganas de empujar y la dilatación no es completa. A esta respiración antiempuje se añade el denominado «bordón»: inspiración profunda y expulsión lenta y progresiva del aire imitando el ruido de un bordón. Según nuestra experiencia, el mejor método cuando se sienten ganas de empujar, y que no necesita compensación alguna como la espiración lenta, es la descontracción completa asociada a una respiración torácica lenta.

*El entrenamiento sofrónico*
El curso es colectivo (tres o cuatro parejas) y dura de hora y media a dos horas durante diez sesiones. Las pacientes y sus maridos se tumban cómodamente en alfombras (algunos permanecen a veces sentados). Las pacientes han traído consigo su cassette para grabar el curso•. Cierran los ojos si así lo desean. La luz no es ni demasiado fuerte ni demasiado débil. Durante el período de relajación no se cortan ni el teléfono ni el timbre, a fin de que las pacientes aprendan a no ser molestadas por ruidos exteriores.

• El kinesiterapeuta insiste mucho en el ejercicio de la relajación en casa, con ayuda de la cassette al principio, y luego sin ella.

Desde el comienzo, el kinesiterapeuta destaca un punto fundamental: la relajación es libre, no es *necesario* ponerse en tal o cual postura, no es *necesario* sentir tal o cual sensación, que ha de venir espontáneamente. Cuando todos están bien instalados, el kinesiterapeuta empieza, y crea desde el principio lo que Caycedo denomina alianza sofrónica. Durante toda la relajación su voz es lenta, monocorde, sin titubeos (es el terpnos logos).
Para lograr la sofronización se requiere que haya un contacto positivo entre el kinesiterapeuta y la paciente: de ahí la necesidad de diálogos numerosos y frecuentes sobre los problemas eventualmente encontrados a lo largo de la preparación.

*Primera sesión: sofronización simple.* Esta sesión comporta principalmente dos partes:
— la relajación física, que se hace progresivamente relajando los grupos musculares citados por el sofrólogo (músculos de la cara y los hombros, músculos del cuello y la nuca, músculos de la espalda, etc.);
— la relajación mental, que se obtiene dando al sujeto la imagen del sueño.

La primera sesión, que es también una primera toma de contacto entre las parejas y el kinesiterapeuta, es totalmente libre (cada uno se pone como quiere, cierra los ojos si lo desea, no *necesita* sentir tal o cual sensación).

> *Se abandonan ustedes cada vez más como si estuvieran a punto de dormirse, al borde mismo del sueño. Y dan entrada a todas las sensaciones positivas, a todas las sensaciones agradables que la relajación de su cuerpo y de su espíritu les pueda procurar...*

La reflexión general tras esta primera sofronización es del tipo: «Me sentía bien». En efecto, los sujetos se sorprenden a menudo de la facultad de concentración que poseen, que les permite descubrir o redescubrir el propio cuerpo, tanto desde el punto de vista del esquema corporal como desde el punto de vista de la serenidad interior.

*Segunda sesión: activación intrasofrónica más primer grado de Schultz* (pesadez). El sofrólogo propone tomar conciencia primero y abandonarse luego a la sensación de pesadez. Para algunos, esta sensación puede ser de ligereza o de cualquier otra cosa, porque en sofronización nada es obligatorio. Se propone la pesadez por ser la más corriente de las sensaciones experimentadas.

> *A través de la relajación de los músculos son capaces de sentir el peso de su brazo, de tomar conciencia del peso de su mano, de su brazo que se vuelve progresivamente pesado, agradablemente pesado, con una pesadez que puede invadir los dos brazos. Sienten esa agradable sensación de pesadez igualmente en sus piernas, en su espalda, en todo su cuerpo. Toman conciencia de los puntos de apoyo del propio cuerpo sobre el suelo. Es como si se apoyase con mayor fuerza, volviéndose cada vez más pesado...*

Una constatación general es la sensación de bienestar en ese estado de relajación, y el deseo de continuar en él cuando el sofrólogo propone abandonarlo.

*Tercera sesión: activación intrasofrónica más segundo grado de Schultz (calor).* Las pacientes empiezan a relajarse cada vez más deprisa, a fin de lograr el nivel sofroliminal (entre la vigilia y el sueño) tras un tiempo bastante corto. Toman también conciencia del valor de la relajación. Decían hallarse «enervadas», y ahora se consideran «tranquilas».
El diálogo tras el relajamiento se hace cada vez más importante y espontáneo, y el ambiente es cada vez más agradable.
Desde el punto de vista práctico, las pacientes son ahora capaces:
— de relajarse cuando quieren y de sentir su cuerpo;
— de provocar una vasodilatación y de percatarse de que su cerebro puede influir sobre su cuerpo.

> *Quizá sientan ya una sensación de calor, un calor debido a la apertura de sus arterias. Mediante la relajación sus arterias experimentan una vasodilatación. Su sangre circula más libremente, más fácilmente, y pueden sentir este calor, este calor interno, su propio calor, en las manos por ejemplo, un calor suave, un calor que puede invadir sus piernas, su espalda, su vientre. Y todo su cuerpo se vuelve caliente, agradablemente caliente, lo que las relaja todavía un poco más, dejándolas a merced de esa sensación de calor, de cuerpo pesado y caliente. Se abandonan un poco a esa sensación para sumergirse más aún en esa distensión. Dejan deslizarse su conciencia hacia abajo un poco más, hasta donde quieran, hasta el borde mismo del sueño, al ritmo de su respiración, abandonándose a sí mismas, a su distensión. Y todo en ustedes se halla tranquilo y en paz...*

*Cuarta sesión: activación intrasofrónica, training autógeno más sofroaceptación progresiva libre.* Esta sesión

introduce, pues, una nueva componente: la sofroaceptación progresiva libre. El sofrólogo propone imaginar una situación futura cuando la mujer haya dado a luz. Muchas de ellas se ven con su hijo en un marco agradable: por ejemplo, una tarde de verano en el jardín, con el bebé, esperando el regreso del marido.
Otras imaginan una situación sin su hijo. El psicoanálisis podrá dar numerosas explicaciones según la imagen evocada. En kinesiterapia prenatal el sofrólogo se limita simplemente a dar a la futura madre la posibilidad de imaginar el gozo de ese acontecimiento. Esta situación da tranquilidad y elimina en cierto modo el miedo al parto.

Esta sesión habitúa también a la paciente a «ver» una imagen bajo sofronización, lo que no siempre es fácil. Esto facilitará el desarrollo de las próximas sesiones.

> *Ahora van a elegir dentro de ustedes una imagen. La imagen de una situación futura que les guste. Una situación posible, prevista de aquí a seis o siete meses. Eligen tal vez un día de la semana especialmente preferido, un momento del día que les agrada, en un ambiente de su gusto, solas o acompañadas de personas conocidas, y se dejan llevar a vivir esa situación, a vivirla lo más intensamente posible, a verla en sus detalles, formas y colores, y a verse a sí mismas en esa situación especial, agradable, percibiéndose completamente bien, completamente distendidas, en total armonía consigo mismas y cuanto las rodea, expansionadas y confiadas en sí mismas, se sienten bien...*

*Quinta sesión: activación intrasofrónica, training autógeno integral más sofroaceptación progresiva.* El sofrólogo pide a la futura madre que imagine su parto. Las reacciones son muy distintas:
— algunas futuras madres imaginan su parto sin miedo, en un contexto tranquilo;

— otras imaginan tener una hija, o un hijo, o no prestan la menor importancia a esto;
— finalmente, otras no imaginan nada.
Este método tiene por objeto la aceptación de la situación representada (aquí el parto).

*Se imaginan su parto, tratan de verse dentro de algunas semanas en el momento de dar a luz; intentando contemplar todos los detalles de esa escena lo más exactamente posible, tratan de vivir su propio alumbramiento...*

El mensaje madre-hijo• suscita el instinto maternal, provoca deseos de ver a ese hijo, hace más gozosa su espera. Dicho mensaje pone el acento en la relación madre-hijo, porque ésta existe desde que la madre adquiere conciencia de la presencia de su hijo en ella. Al poner el acento sobre esta relación, la ayuda a prepararse para convertirse en madre.

• Ver pág. 219.

*Sexta sesión: sofrosustitución sensorial.* Durante esta sesión el kinesiterapeuta emplea dos técnicas distintas:
— Una sofrosustitución sensorial: se trata de hacerse claramente consciente de una sensación espontáneamente sentida, por ejemplo el calor de las manos, y de cambiar esta sensación en otra, de frescor por ejemplo. De hecho, en estado de relajación profunda, a nivel sofroliminal, el espíritu es capaz no sólo de percibir la sensación, sino también de cambiarla.

*Se concentran sobre sus manos y se abandonan a una sensación de frío, a una sensación de frescor en el dorso de la mano, a manera de una corriente de aire que refresca su piel ahí. Y se dejan llevar por esa sensación de frescor de la mano. Dejan suavemente que la piel se enfríe, que se vaya haciendo progresivamente más fría, sensación de frío que penetra suavemente en ustedes, en su mano, que se va enfriando cada vez más,*

*quedándose su mano por momentos más fría... más fría, como si se pasase por ella un trozo de hielo que la enfriara del todo, primero superficialmente y luego en profundidad, quedándose poco a poco esa mano como hinchada por el frío, igual que cuando se tienen los dedos o las manos heladas.*
*Pueden sentir esta sensación de frío, de insensibilidad, tan profundamente como quieran, hasta los huesos, hasta el nivel del mismo esqueleto de la mano. Esta se vuelve cada vez más insensible. Y ustedes dejan penetrar esa impresión de frío e insensiblelidad en su mano...*

— Una sofroanalgesia: aquí es la sensación de frío la que ha servido para disminuir la sensibilidad a nivel de la mano.

*El kinesiterapeuta pincha con una aguja el dorso de la mano «fría» varias veces y en distintos sitios. Luego pincha de igual modo la otra mano. Después de esto pregunta qué mano ha sentido más dolorosamente el pinchazo de la aguja. Todas las pacientes reconocen haber sentido un dolor más vivo a nivel de la mano no sugestionada.*

*Séptima sesión: método discontinuo.* Este método tiene dos efectos: permite un acceso rápido al estado de relajación, que hace posible la sincronización de la respiración torácica lenta con la relajación.
En el cuarto de trabajo, cuando la parturienta siente aproximarse una contracción, se pone en estado de relajación contando hasta 5. Es importante distenderse antes de que llegue la contracción. Resulta más difícil relajarse cuando esa contracción ha empezado.

*Al contar hasta 5 van advirtiendo cómo sus párpados se vuelven progresivamente pesados, y cuando digan 5 cerrarán los ojos automáticamente para sumergirse de pronto en un estado de distensión total. Hagan el ejercicio ahora: abran los ojos, cuenten lentamente hasta 5, y al decir 5 déjense llevar y vuelvan a sumergirse en lo más profundo de su distensión. Súbi-*

*tamente todos los músculos de su cuerpo se relajan, su cara, sus brazos, sus hombros, sus piernas, su espalda, y se sumergen hasta el borde mismo del sueño...*

Durante la contracción la mujer adopta la respiración torácica lenta, pero sin abandonar ese estado de relajación en que se halla sumida.

*Ahora van a sincronizar su respiración con la apertura y el cierre de los ojos. Cada vez que inspiran abren los ojos, y los cierran al expulsar el aire. A su ritmo. Cada vez que expulsan el aire se sumergen un poco más profundamente en su distensión. Ahora dejan de lado esas imágenes para relajarse un poco más, para volver suavemente al estado presente, al momento actual, y se preparan lentamente a recuperar el estado de consciencia habitual, muy lentamente, muy tranquilamente, porque la sesión ha sido un poco más larga. Necesitan pues más tiempo para recuperar el tono mental y físico, respirando muy fuerte, moviendo bien las manos y los pies, estirando progresivamente todo el cuerpo con comodidad, y finalmente, cuando quieran, abran los ojos...*

*Octava sesión: vivir el parto.* Habiendo vivido una primera vez bajo relajación su parto, las mujeres tienen la impresión de que el hecho de dar a luz no es ya nada nuevo ni extraño. El miedo al niño contrahecho, el miedo a la muerte del niño, el miedo al dolor, no aparecen durante el estado de relajación.Y, cuando den a luz realmente, cabe esperar que esas mujeres ya no piensen en sus viejos temores.

*Las trasladan a la sala de partos. Basta desbloquear las ruedas de la cama y desplazarla hasta la sala de partos más próxima. La mesa está en medio de la sala, a la izquierda un lavabo; el médico está lavándose las manos, se pone las botas y el delantal de plástico transparente. Colocan su cama de trabajo al lado de la mesa, y pasan de una a otra con ayuda de su marido, de la comadrona, de su médico; las instalan lo mejor po-*

*sible sobre la mesa de partos. Les ponen los pies en el estribo y una almohada bajo la cabeza, y les piden que levanten el abdomen para colocar un paño blanco estéril bajo los glúteos. Se ven ya sobre la mesa experimentando contracciones. Adoptan la posición de empuje, y empujan, empujan; el médico ve aparecer ya la cabeza del niño y las estimula a empujar, lo mismo que su marido que les sostiene la cabeza; la contracción cesa, ustedes se relajan y esperan, distendiéndose al máximo y recuperándose lo más completamente posible para estar en plena forma en la contracción siguiente. Se acerca el momento del nacimiento de su hijo. Se presenta la contracción siguiente. Ustedes inspiran a fondo, hinchan el vientre, se detienen, adoptan la posición de empuje, y empujan con fuerza aprovechando la contracción del útero y sintiendo cómo su hijo avanza progresivamente. La cabeza está ya a la altura de la vulva. Relajan bien el perineo, y la cabeza sigue avanzando. Quizá en este momento el médico considere útil hacer una pequeña incisión que ustedes no sienten en absoluto ni incluso se dan cuenta de ella, y ya está fuera la cabeza; el médico saca un hombro, al que sigue todo el cuerpo; ahora ya pueden ver a su hijo...*

*Novena sesión: toma de conciencia del perineo e inducción de una contracción.* El hecho de tomar conciencia, bajo sofronización, de la localización del perineo y de los distintos músculos que lo constituyen, puede ayudar a la paciente a sentir mejor el descenso del hijo el día del parto y, por esto mismo, a vivir el acontecimiento más intensamente.

*Se hacen conscientes de su perineo, de toda esa musculatura que forma la base del vientre, y lo relajan perfectamente. Adquieren conciencia plena de esto...*

Al explicar y describir las sensaciones de una contracción, la paciente puede así informar correctamente a su cerebro de la sensación que corresponde a la contracción de su útero.
En estado de sofronización, perfectamente relajada y

con la atención centrada en el útero, la paciente intenta percibir una o varias contracciones de gravidez.

*Décima sesión: conjunto de técnicas respiratorias y técnica de empuje bajo sofronización.* Esta sesión refuerza más aún la actitud a adoptar durante una contracción. El día del parto, la profundidad de la relajación será progresivamente más intensa siguiendo los estadios de la dilatación del cuello del útero.
Y así, ante las primeras contracciones, aun en su propia casa, la mujer se relajará un poco. Relajación de naturaleza puramente muscular.
En la maternidad, ante contracciones más fuertes en intensidad y más frecuentes, la mujer se pondrá en estado de sofronización, es decir que añadirá una distensión psíquica a la distensión muscular. En ese estado, que abandonará en medio de las contracciones si lo desea, realizará las distintas respiraciones apropiadas al estadio de evolución de la dilatación del cuello del útero.

> *Se prepara una contracción. Relájense bien y déjenla venir. Conserven su respiración habitual durante el mayor tiempo posible y, cuando la contracción haya alcanzado su máxima intensidad, hagan la respiración torácica lenta. Lentamente inspiren, espiren, inspiren, espiren. No tardará en disminuir la intensidad de la contracción, y se sumirán nuevamente en su estado de relajación...*

Muchas pacientes llegan al estadio de la expulsión sin haber practicado más que la respiración torácica lenta.

*Conclusión:* los extractos de textos dados para las diez sesiones son simples ejemplos. Cada sofrólogo utiliza el vocabulario que prefiera, sólo la base teórica sigue siendo la misma.

Según el grupo al que se destine esta preparación, el sofrólogo variará el plan de las sesiones. Si el grupo tiene dificultades en sentir la pesadez o el calor, el kinesiterapeuta dará una tercera sesión de relajación antes de abordar el training de Schultz. Por ejemplo, si existe aún una barrera entre las parejas y él, el kinesiterapeuta prolongará los diálogos postsofrónicos, que se convertirán en discusiones puramente amistosas. La atmósfera será completamente relajada. Las futuras madres o sus cónyuges formularán todas las preguntas que les angustian. Durante esas diez sesiones el kinesiterapeuta proporciona, pues, a las mujeres encinta el mayor número posible de armas (tranquilidad, relajación, respiración), siendo la primera y principal la confianza en sí.

### DINAMICA DE GRUPO

La dinámica de grupo tiene lugar un sábado por la tarde. Al término de las diez sesiones preparatorias, reúne a todas las prejas, al kinesiterapeuta que las ha preparado, a una puericultora, al psicólogo, al ginecólogo y al psicosomatista. Se trata de aquilatar las cosas, de sacar las conclusiones y de dejar que hablen las parejas.
La reunión se inicia con una sesión de puericultura que explica los cuidados que han de prodigarse al recién nacido. Luego se pasan una o varias películas sobre el parto de una mujer previamente preparada por un sofrólogo. Su cara y sus manos se hallan visiblemente relajadas. Durante el alumbramiento (la mujer se ha trasladado a pie a la sala de trabajo) se puede ver la eficaz ayuda del marido, que se encuentra totalmente implicado en el acontecimiento. Finalmente, el doctor Boon entabla un diálogo formulando varias

preguntas. A la pregunta: «¿Cómo ha vivido usted la transformación de su cuerpo?», las respuestas son muy diversas. Algunas mujeres se ven totalmente deformadas, pero lo aceptan pensando que es natural perder la belleza durante la gestación. Otras, en cambio, lo encuentran «bello», pues constituye a su juicio la señal concreta de la vida de su hijo. Finalmente, para otras «todo depende de cómo lo acepte el marido». Incluso en esa transformación física tan personal resulta decisiva la actitud del marido. Es, pues, indispensable una buena reacción.

También se intercambian otros puntos de vista con el ginecólogo, relacionados sobre todo con el amamantamiento del niño por la madre, con el trabajo profesional tras el paréntesis de la maternidad, y con los pronósticos en pro o en contra de una gestación futura y sus porqués.

## EL PARTO

En el 80 % de los casos el kinesiterapeuta no asiste al parto. A veces la paciente utiliza su cassette. En todos los casos (salvo incapacidad mayor) está presente el marido.

La mayor parte de las mujeres que han tenido ya hijos sin haber sido preparadas a través de la sofrología, afirman que el hecho de relajarse las ha ayudado mucho, haciendo el alumbramiento claramente menos doloroso.

## EL ENTRENAMIENTO POSNATAL

El método se completa con un entrenamiento posnatal tendente a devolver al vientre su musculatura•.

• No constituyendo esto el objetivo principal de nuestro estudio, no nos detendremos en ello.

## CONCLUSION

Este método de parto responsable —que tal vez se juzgue muy ambicioso— se utiliza actualmente en pequeña escala. A nuestro juicio, para ser perfecto debería inscribirse en un contexto médico total e incluir todas las personas que intervienen: desde el personal hospitalario ocupado de atender el servicio, hasta el equipo médico propiamente dicho. Los locales deberían igualmente responder a ciertos criterios•. Finalmente, hay razón para ocuparse del período que sigue al parto, de los días, semanas y hasta meses posteriores, porque las depresiones subsiguientes al alumbramiento son relativamente frecuentes. La tentativa de Frédéric Leboyer• de crear un clima al nacimiento nos parece un primer paso interesante, pero claramente insuficiente si ese clima no se prolonga durante las semanas, meses y años siguientes. Pensamos, no obstante, que el conjunto de esas tentativas orientadas a mejorar el estatuto prenatal y posnatal permite abrigar esperanzas.

• Tranquilidad, insonorización, color agradable.

• F. Leboyer: *Por un nacimiento sin violencia* (Barcelona, Daimon, 1977).

## EL PARTO VIVIDO POR LA PAREJA Y PREPARADO POR LA RELAJACION

Un equipo de ginecólogos de Bruselas, los doctores Gillain, Juliens, Leblanc y Lenoble, y una kinesiterapeuta llamada Christiane Radoux, han puesto a punto un método particular de sofropedagogía obstétrica después de más de una década de actividad. El equipo de tocólogos posee igualmente una sólida experiencia en las técnicas de diálogo, así como en el aprendizaje de las técnicas de sofronización.

*El tocólogo,* como ha escrito el doctor Gillain, debe dominar perfectamente la técnica para estar totalmente disponible y ayudar a la pareja en el trance del nacimiento. Hay, pues, una «concentración» en la pareja y el niño.

Pese a trabajar en equipo, los miembros del grupo conservan su independencia, desempeñando cada uno otras actividades específicas. Y así, uno de los miembros del equipo es también asesor conyugal, otro sexólogo, etc. Los tocólogos trabajan en equipo con las mismas grandes orientaciones y los mismos objetivos desde el punto de vista obstétrico, desde el punto de vista humano y desde el punto de vista de su concentración sobre la pareja. Así, cada parturienta tiene la tranquilidad y la seguridad de hallarse, durante las vacaciones, ante un tocólogo que practica el mismo método de sofropedagogía obstétrica. No hay en el equipo jerarquía ni autoridad.

*En cuanto a la pareja,* se quiere integrar al marido lo antes posible: por eso hay un encuentro con el kinesiterapeuta en el tercer mes de la gestación. Si existe cualquier dificultad en la pareja, se emprenderá inmediatamente la preparación sofrónica•.

• El equipo de kinesiterapeutas funciona con el mismo espíritu que el de los médicos: las mismas motivaciones, las mismas técnicas y una colaboración total. Los kinesiterapeutas deben pasar a segundo plano durante el parto, aunque han de estar presentes.

## PLAN DE LA PREPARACION

### *A nivel de los médicos*

Están previstas cinco conferencias vespertinas para las parejas:

1. Información antes del parto e información dietética.
2. Información sobre el parto.
3. Información sobre el período posnatal y debate sobre el dolor.
4. Información sobre el niño, dada por dos pediatras que completan el equipo.
5. La contracepción y la regulación de nacimientos. A esto hay que añadir una película que muestra una decena de partos bajo preparación sofrónica, película seguida de un debate sobre la preparación, el parto y

demás situaciones anejas. Las futuras madres tienen además una consulta mensual, en la que se trata no sólo de la evolución física, sino también de cómo se vive la gestación (a nivel personal y a nivel de la pareja), así como cursos de preparación.
Es importante saber si la mujer sigue regularmente los cursos y si repite diariamente sus sesiones de sofronización y preparación al nacimiento.

*A nivel de los kinesiterapeutas*
La primera reunión tiene lugar durante el tercer mes. Participa en ella la pareja, se celebra una tarde, y consiste en el aprendizaje de movimientos de balanceo de la pelvis para flexibilizar los ligamentos y los músculos y, por consiguiente, para disminuir los dolores en la espalda y mejorar la circulación pelviana y de los miembros inferiores. Durante esta reunión se enseña igualmente a las mujeres encinta la mejor forma de levantarse de la cama, evitando las contracciones abdominales y las contracciones prematuras de la matriz. En el campo psicológico, al término de la sesión se entabla un diálogo sobre la manera de ver la gestación. En este momento se dan también algunos consejos de oxigenación y se explican las cosas que conviene evitar.
Los grupos constan de seis mujeres que darán a luz todas el mismo mes y serán seguidas por dos kinesiterapeutas. Estos cursos tienen lugar a media tarde o al anochecer, en función del trabajo o de la disponibilidad de la mujer•.

• Las mujeres que pasan su primera gestación acudirán una vez por semana durante el sexto mes, dos veces por semana durante el séptimo mes, y una vez por semana hasta el final de la gestación. Las otras sólo acudirán una vez por semana hasta el alumbramiento.

*Plan del curso*
Los ejercicios generales comprenden únicamente ejercicios circulatorios, ejercicios de balanceo de la pelvis,

ejercicios de movilización de las piernas, siempre separadas para que la mujer se sienta más a gusto en esta posición.
Las sesiones de sofronización se realizan en posición dorsal los meses sexto y séptimo, y en posición lateral el octavo mes.
El plan de las sesiones de sofronización es aproximadamente idéntico al del doctor Aguirre de Cárcer y al del método de parto responsable del doctor Boon, pero hay más sesiones.
Las sesiones de relajación se realizan con un fondo musical. Cada relajación se detiene un minuto en el momento de distensión del abdomen, para pensar en el niño y hablar de él. Cada sesión va seguida de largas discusiones relacionadas con los problemas de las futuras mamás.
Para los ejercicios de bloqueo en posición de parto y los ejercicios de empuje, se insiste enormemente en la respiración sosegada, lenta, regular, sin ruido, con la boca ligeramente abierta, tipo de respiración indispensable en el momento de la expulsión.

*Preparación de los maridos*
Durante el tercer mes tiene lugar una sesión con los maridos, y otra durante el séptimo, en las que se les enseña a ayudar a su mujer en los ejercicios de bloqueo y de relajación.
El octavo mes está prevista una sesión con las parejas en la que todos se distienden. Esta sesión va seguida del aprendizaje del masaje lumbar y de un debate.
En esta preparación los kinesiterapeutas están presentes al parto.

## LOS RESULTADOS

Este método ha sido utilizado en casi ochocientas preparaciones al parto. Sin entrar en detalles, parece que la llegada a la clínica es más tardía, que el período de dilatación es más rápido y, sobre todo, que la expulsión es mucho más eficaz y mejor sentida.

En general, el período de dilatación se realiza en calma y es vivido de una manera agradable por la mayoría de las mujeres. Este período de dilatación es sobre todo cosa de la pareja, pero la expulsión resulta facilitada a menudo por las explicaciones del kinesiterapeuta. En general, las mujeres siguen practicando la relajación después del parto, sobre todo durante su estancia en clínica•.

• Y también durante la corta fase depresiva que puede sobrevenir tras el parto.

En el momento del alumbramiento, las mujeres eligen utilizar la cassette grabada con o sin música, o la relajación discontinua dirigida por el marido.

## EL METODO DE SOFRONIZACION SONORA (JEAN FEIJOO)

Deseando reducir al mínimo la relación de transferencia que se produce entre el terapeuta y el paciente, Jean Feijoo• ha elaborado una técnica que rehúsa la sugestión verbal y utiliza únicamente sonidos.

• J. Feijoo: «De la suggestion», en *Les Annales de sophrologie*, n.º 4 (junio 1974).

Feijoo ha mostrado que toda sofronización comporta una modificación del concepto de espacio-tiempo, y que es esta alteración la que tiene como consecuencia una modificación del estado de consciencia. A causa de esto, y basándose en los principios de la reflexología pavloviana, ha elaborado un método de grabación sonora que modifica la consciencia, permitiendo así una distensión muscular acompañada de un bienestar psicológico persistente durante unas ocho horas. Este método de sofronización sonora ha sido utilizado con éxito en la preparación al parto sin temor.

## CONCLUSION

En este capítulo hemos visto la utilización de la sofrología en sus principios y en su práctica, y hemos pasado revista a ciertas técnicas de sofronización en un campo muy concreto cual es el de la preparación al parto. Estas técnicas de sofronización, como hemos visto, pueden utilizarlas investigadores con horizontes distintos, pero siempre en el sentido de una mejor armonización de las técnicas y con miras a un mayor respeto del ser humano. Lo que es verdad en la preparación obstétrica, lo es también en todos los demás campos de la práctica médica. Estos métodos de preparación obstétrica, sin embargo, sólo han podido ser elaborados por investigadores que a su vez practican esas técnicas de sofronización.

# Indicaciones y contraindicaciones de la sofrología

Al empezar este capítulo podríamos sentirnos tentados de decir que la sofrología puede utilizarse en todos los campos de la medicina, tanto curativa como profiláctica, y también en pedagogía.

En efecto, si la acción de una sofronización puede considerarse como no indicada, o al menos como inútil, en ciertos casos en que la organicidad es evidente, tales como una pneumopatía infecciosa o una apendicitis, la práctica de un método sofrológico será no obstante una buena ayuda de que dispone el arsenal terapéutico habitual, reforzando en el sujeto su capacidad de concienciación y, por lo mismo, como dice Caycedo, su capacidad de esperanza. Además, y quizá sea lo esencial, si el terapeuta es sofrólogo y está por tanto entrenado en estos métodos, tendrá una actitud ante la enfermedad y sobre todo ante el enfermo notablemente distinta, habituado como está a «ponerse a la escucha» del otro, estableciendo así una relación médico-enfermo de dimensiones que van más allá del simple contacto profesional-profano. Sin contar los beneficios aportados por un entrenamiento sofrónico a la vida profesional del médico, agotadora y stressante.

Sin embargo, pueden destacarse tres campos de aplicación de la sofrología: la terapia, la profilaxis y el cuadro no patológico.

## LA TERAPIA

Es evidente que la verdadera vocación de la sofrología está en la terapia. Este marco será sobre todo el de la psicosomática, campo que se ensancha a medida que conocemos mejor los complicados mecanismos del funcionamiento humano. Los especialistas reconocen ahora que casi el 70 % de las enfermedades tienen origen psicológico, y esta cifra podría agrandarse...
Esto es cierto no sólo en cuanto a los síntomas, sino también en cuanto a las enfermedades de organicidad evidente, como la úlcera de estómago o ciertas afecciones cutáneas; organicidad que sólo es secundaria, puesto que el origen se halla en un desequilibrio o en un conflicto psicológico.

**Resultados a la vez inmediatos y duraderos**

Las enfermedades nerviosas son ciertamente el campo de aplicación privilegiado de los métodos sofrónicos; tanto más cuanto que la quimioterapia, a pesar de sus avances, sigue siendo decepcionante y no pasa de ser un paliativo en ocasiones perjudicial. La sofrología actúa de manera eficaz y a menudo rápida sobre los síntomas inmediatos (cefalea, astenia, náuseas, etc.), y sobre todo ejerce una acción en profundidad a través de una dinamización de toda la personalidad del sujeto.

Siempre que el médico advierta un desequilibrio nervioso en su enfermo, podrá añadir a su terapéutica tradicional un método sofrónico. No será un tiempo perdido, ni para el paciente ni para el mismo médico.

## LA PROFILAXIS

La sofrología parece trascender el marco habitual de la medicina tal como se la considera tradicionalmente. El médico sofrólogo se dirige al hombre, y no sólo al enfermo. Por esta razón los métodos sofrónicos podrán desempeñar un papel preponderante en la profilaxis de las enfermedades, permitiendo a los sujetos que practican el entrenamiento sofrónico conservar un equilibrio psicosomático gracias a una especie de reforzamiento del yo y de sus estructuras, como la voluntad, la memoria, la experiencia, etc.; ya que podrá entonces equilibrar, de un lado la influencia del superyó encarnada en la autoridad, las prohibiciones, la censura, y de otro la influencia del ello, que está formado por pulsiones y deseos unas veces positivos y otras negativos o morbosos. La toma de conciencia de estas tres instancias (el ello, el yo y el superyó) reforzará el libre albedrío y atenuará los conflictos psíquicos.

Esta profilaxis podría igualmente considerarse de manera más práctica en el marco mismo de las condiciones de trabajo. Se han realizado ya experiencias demostrativas de un claro descenso de la fatigabilidad, y en consecuencia de los accidentes laborales y del absentismo.
Esta profilaxis a través de los métodos sofrónicos debería ponerse en práctica lo antes posible, siendo la escuela, el liceo o los colegios de enseñanza técnica el marco ideal para el aprendizaje. Se hallan en curso ciertas experiencias.

## EL CAMPO DE APLICACION NO PATOLOGICO

Vimos más arriba las posibilidades de la sofrología en el campo deportivo. Caben también aplicaciones de la sofrología en el campo de la investigación, de la creatividad, y en el campo del arte. Los métodos sofrónicos intervienen también de manera positiva en el aprendizaje de lenguas extranjeras, en la preparación de exámenes y oposiciones, etc.

Esta breve enumeración no hace sino indicar las enormes posibilidades abiertas a la sofrología. Nosotros pensamos que el futuro demostrará la importancia de su aportación a la resistencia a los stress que nos asaltan casi diariamente.

**¡Los métodos sofrónicos nunca han hecho daño a nadie!**

En cuanto a las contraindicaciones, nos sentimos tentados a decir que no las hay. En efecto, los métodos sofrónicos no tienen ninguna acción nociva sobre nadie. Pero con una condición: que el terapeuta sea competente, y aquí tocamos un problema muy serio. Repetimos: a condición de que el terapeuta sofrólogo permanezca dentro de los límites de su competencia, la sofrología no conoce contraindicación alguna.

Alfonso Caycedo insiste mucho en esta limitación, no de la sofrología misma, sino de su utilización según las especializaciones. Acaba incluso de reorganizar completamente las distintas estructuras de la sofrología al nombrar responsables de sección que deberán coordinar las investigaciones y las aplicaciones.

En efecto, uno de los peligros de la sofronización es el del descubrimiento por el sofronizado de su contenido existencial; y hay que saber sin duda interpretar lo que el sujeto revele, pero también hay que saber no interpretarlo, ¡lo que tal vez sea más delicado!

Si se respeta esta simple precaución, vemos que la sofrología no sólo no encuentra contraindicación alguna, sino que al contrario dispone de un amplio campo de aplicación donde podrá comprobarse su acción beneficiosa.

## BIBLIOGRAFIA

**Abrezol (R.):** Sophrologie dans notre civilisation (Neuchâtel, Intermarketing Group).

**Aguirre de Cárcer:** Cours sur la préparation à l'éducation maternelle (Cours de Bruxelles, 1973).
Preparación al parto (8.ª ed. de El parto sin dolor) (Madrid, Eisa, 1978). (Primer coloquio entre kinesiterapeutas, comadronas y médicos, Bruselas, 28 de marzo de 1976).
«La sensation douloureuse dans l'accouchement», en Les Annales de sophrologie n.º 4, junio 1974.

**Audit (J. F.):** «Sophrothérapie et sophropédagogie des troubles menstruels et de l'obésité», en Les Annales de sophrologie n.º 2, dic. 1973).

**Bara (A.):** L'expression par le corps, principes et recherches (Toulouse, Privat, 1974).
*Acentúa la importancia de reencontrar el propio cuerpo y de poder expresarse bien por su medio.*

**Barrucand (D.):** Histoire de l'hypnose en France (París, P.U.F., 1967).
*Obra básica sobre la historia de la hipnosis en Francia.*

**Baruk (H.):** La hipnosis (Barcelona, Oikos Tau, 1975, ¿Qué sé?)
*Obrita de consulta sobre la hipnosis y que trata ya de la sofrología y el yoga.*

**Baudet (S.), Gauquelin (F.), Péan (M.C.):** Conocer a los otros por el cuerpo (Bilbao, Ediciones Mensajero, 1978).

**Bergese (J.) y Bounes (M.):** La relaxation thérapeutique chez l'enfant (París, Masson, 1974).
*Método de relajación aplicado a los niños.*

**Bernard (F.):** «Traitement des nausées pendant la grossesse, sophronisation», en Les Annales de sophrologie n.º 2, dic. 1973.
«La méthode de préparation à l'accouchement dans la clinique du docteur Aguirre de Cárcer», en Les Annales de sophrologie n.º 4, junio 1974.

**Bernard (M.):** Le corps (París, P.U.F., 1972).

**Bernheim (H.):** De la suggestion (París, C.E.P.L.-Retz, reedición 1975).
Hypnotisme, suggestion, psychothérapie (París, Doin, 1973).

**Bonvallet (M.):** Système nerveux et vigilance (París, P.U.F., 1966).

**Boon (H.):** La relaxation et le training autogène (Cahiers de sexologie n.º 30, 1969).
Les méthodes de détente et leur avenir (Simposio sobre la relajación el 7 y 8 de febrero de 1976, en la universidad libre de Bruselas).

**Boon (J.):** Méthodes de relaxation de Jacobson (Bruselas, Cours de relaxation, 1975).

**Boon (H.), Boon (J.), Davrou (Y.), Crépin (J. P.), de Schutter (B.) y Moreau (A.):** Séminaires d'initiation à la sophrologie (Bruselas).

**Boule (P. I.):** L'Hypnose et la suggestion dans la clinique des maladies internes (París, Doin, 1965).

**Brieghel Muller (G.):** Eutonie et relaxation (París, Delachaux et Niestlé, 1973).
*Excelente obra escrita por alumnos franceses de Gerda Alexander. Buena introducción al método de eutonía.*

**Bron-Veley:** Pratique de la méthode Vittoz (París, Ed. du Levain, 1970).

**Bychowski (G.):** Techniques spécialisées de la psychothérapie (París, P.U.F., 1958).

**Caycedo:** Progresos en sofrología (Barcelona, EMEGE, 1969).
*Primer libro escrito sobre la sofrología por Caycedo y colaboradores, estudio científico y médico de los fenómenos de sofronización.*
Diccionario de sofrología (Barcelona, 1971).
*Obra de consulta que presenta el conjunto de los términos creados por Caycedo para la sofrología.*

**Chauchard (P.):** Hipnosis y sugestión (Barcelona, Oikos Tau, 1971, Col. ¿Qué sé?)
*Excelente obra básica que trata sobre las nociones de sugestión dentro de la corriente hipnótica.*

**Chercheve (R.) y Berranger (E.):** Qu'est-ce que la sophrologie? (Toulouse, Privat).

**Chertok (L.):** La hipnosis (Madrid, Atika, 1964).
*Una de las pocas obras francesas de carácter científico que abordan los múltiples aspectos de la hipnosis, escrita por el mejor especialista médico.*
Les méthodes psychosomatiques de l'accouchement sans douleur, histoire, théorie et pratique (París, l'Expansion scientifique française, 1957).

**Corraze (J.):** Schéma corporel et image du corps (Toulouse, Privat, 1973).

**Davrou (Y.):** Manuel de sophrologie (París, Centre d'étude et application de la sophrologie).

**De Poortere (A. M.):** Initiation à la sophropédagogie obstétricale (Memoria de fin de estudios, 27 promoción, 1975-1976).

**Dewespin (D.):** Relaxation, sérénité, équilibre, sur les traces du Tai Chi Chuan (Verviers, Belgique, Marabout, 1975).
*Introducción al Tai Chi Chuan, método global chino de entrenamiento de la personalidad.*

**Dropsy (J.):** Vivre dans son corps (París, Epi, 1973).

**Durand de Bousingen (R.):** La relajación (Barcelona, Vergara, 1967).

**Ellenberger (H. F.):** El descubrimiento del inconsciente (Madrid, Gredos, 1976).
*Obra de consulta sobre la historia del inconsciente y de la psicoterapia.*

**Ey (H.):** Tratado de psiquiatría, 2.ª ed. (Barcelona, Toray-Masson, 1971).
La conciencia (Madrid, Gredos, 1976, 2.ª ed.).

**Ey (H.), Lairy (C.) y col.:** Psychophysiologie du sommeil et psychiatrie (París, Masson, 1975).

**Feijoo (J.):** «De la suggestion», en Les Annales de sophrologie n.º 4, junio 1974.

**Feldenkreis (M.):** La conscience du corps (París, Robert Laffont, 1971).

**Gay Gaer Lust:** L'insomnie (París, Fayard, 1972).
*Buena obra de divulgación sobre los trastornos del sueño.*

**Geismann (P.) y Durand de Bousingen (R.):** Les méthodes de relaxation (Bruselas, Charles Dessart, 1968).
*El libro francés que presenta más explícitamente la totalidad de los métodos de relajación médica.*

**Grey (W.):** Le cerveau vivant (París, Delachaux et Niestlé, 1954).

**Hartmann (E.):** Biologie du rêve (Bruselas, Charles Dessart, 1970).
*Obra de consulta de uno de los mejores fisiólogos norteamericanos del sueño.*
Funciones del sueño fisiológico (Barcelona, Labor, 1976).

**Isasi (A.):** La relajación dinámica del profesor Caycedo (Barcelona, EMEGE, 1968).

**Kress (J. J.) y Ritter (M.):** L'Hypnose en thérapeutique psychiatrique, encyclopédie médico-chirurgicale (Psychiatrie 1969, 37820 B50, 1-8).

**Lcboyer (F.):** Por un nacimiento sin violencia (Barcelona, Daimon, 1977).

**Lemaire (J. G.):** La relajación (Madrid, Stvdivm, 1974).
*Obra que presenta el método de relajación psicotónica de Ajuriaguerra.*

**Le Ny (J. F.):** El condicionamiento (Barcelona, Península, 1971).
*Obra francesa que presenta de modo muy completo las teorías relativas al aprendizaje y el condicionamiento clásicos.*

**Luthe (W.):** Autogenic Therapy (Londres-Nueva York, Grune and Stratton, vol. 1 a 6, 1970).
*La obra de consulta mundial sobre el T. A. Schultz, escrita por Luthe y Schultz, contiene más de 2.000 referencias bibliográficas.*

**Magoun (H.):** El cerebro despierto (México, Prensa médica, 1963).

**Moor (L.):** Eléments de biopsychologie du comportement, application à la pratique médicale (París, l'Expansion scientifique française, 1970).

**Passouant (P.) y Rechniewski (A.):** El sueño, un tercio de nuestra vida (Madrid, CIM, 1977).

**Puncernau (R.):** Progresos en sofrología (Barcelona, EMEGE, 1969).

**Rager:** Hipnosis, sofrología y medicina (Barcelona, Scientia, 1973).
*Excelente obra que presenta sobre todo las distintas aplicaciones de la sofrología en el campo médico.*

**Schultz (J. H.):** El entrenamiento autógeno (Barcelona, Científico Médica, 1969, 3.ª ed.).
*Obra básica del creador del training autógeno.*

**Sivadon (P.) y Ganteret:** La rééducation corporelle des fonctions mentales (París, Editions sociales françaises, 1969).
*Obra que trata de la aplicación de las técnicas físicas corporales y de relajación en la curación de los trastornos mentales.*

**Stokvis (B.), Montserrat-Esteve (S.) y Guyonnaud (J. P.):** Tratado de hipnosis: introducción a la sofrología (Barcelona, Scientia, 1967).

**Tart (C. T.):** Altered states of consciousness (Nueva York, John Wiley and Sons Inc., 1969).
*Estudio exhaustivo sobre los estados modificados de consciencia, por uno de los mejores especialistas de los Estados Unidos.*

**Vinchon (J.):** Mesmer et son secret (Toulouse, Privat, 1971).

**Weitzenhoffer (A.):** Hypnose et suggestion (París, Payot, 1967).

«La relaxation» (París, Ed. Expansion).

«La relaxation», en Perspectives psychiatriques (París, enero 1964), n.º 6.

«La relaxation», en Psychologie (París, Retz, abril, 1975), n.º 63.

«La méditation transcendentale», en Psychologie (París, Retz, junio 1974), n.º 53.

«Le biofeedback ou rétroaction biologique», en Psychologie (París Retz, enero 1975), n.º 60.

«Apprenez à vous relaxer» y «J'ai découvert la relaxation», en Psychologie (París, Retz, octubre 1973), n.º 45.

«Entretien avec le Pr Caycedo sur la sophrologie», en Psychologie (París, Retz, agosto 1976), n.º 79.

# INDICE